投資中國證券
必須了解的那些事

李嬌、張宇 ● 主編

財經錢線

▶▶ 前言

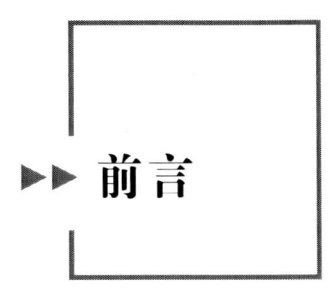

　　上海和深圳股票市場在風風雨雨中已經走過了艱難的 30 年。在這過去的 30 年中，投資者們經歷了多次驚心動魄的市場變動，在股票行情的大起大落和漫長等待中體味了投身股票市場的酸甜苦辣。作為金融教育的一線工作者，我們見證了所教學生在證券市場中摸爬滾打，目睹了一些人在股市中一夜暴富，也看到了更多的人在股市中花費了大量的時間和精力卻一無所獲。這也引起了我們金融教育者們的沉思：到底怎樣的證券投資分析教材才真正適合經管類專業的學生，到底怎樣的教學引導才能讓學生更加自如地融入職場和真實的證券市場環境。在這種自省下，也借助於重慶「三特」專業建設的契機，我們編寫了本書。

　　作為經濟類學科，尤其是金融學學科群專業，證券投資分析都是必須掌握的知識技能。

　　由於學識和時間有限，本書難免有諸多瑕疵和疏漏，請讀者指正。

編　者

目錄

1 / 第一章 證券公司櫃臺業務流程實訓篇

　第一節　開立 A 股證券帳戶 ································ （1）
　　實訓項目 1：如何開 A 股證券帳戶 ···················· （12）
　第二節　證券帳戶掛失補辦 ································ （13）
　第三節　證券帳戶銷戶 ···································· （15）
　　實訓項目 2：證券帳戶的掛失補辦 ····················· （20）

23 / 第二章 證券投資客戶經理的職能與禮儀實訓篇

　第一節　證券投資客戶經理的職責 ························· （23）
　　實訓練習 1：設計一個老客戶維護方案 ················· （25）
　第二節　證券投資客戶經理的素質 ························· （27）
　　實訓練習 2：如何培養客戶經理受挫能力 ··············· （30）
　　實訓練習 3：如何提升客戶經理的自信心（1） ········· （32）
　　實訓練習 4：如何提升客戶經理的自信心（2） ········· （35）
　　實訓練習 5：如何訓練學生具備證券投資行業所要求的素質 ······ （37）
　第三節　證券投資客戶經理工作目標的確定 ················· （39）
　　實訓練習 6：學會如何制定工作目標 ···················· （39）
　第四節　證券投資客戶經理的禮儀 ························· （42）
　　模擬情景 2-1　證券公司營業部證券投資客戶經理團隊培訓 ······ （44）
　　模擬情景 2-2　證券公司營業部、商業銀行營業部 ·············· （45）
　第五節　待人接物的常用禮節 ····························· （45）
　　模擬情景 2-3　證券公司營業部或是與客戶約見的其他地方 ······ （48）
　　模擬情景 2-4　證券公司營業部 ······························· （49）
　第六節　聆聽的禮儀 ···································· （49）

51／第三章　證券投資客戶管理實訓篇
第一節　證券投資客戶管理流程 …………………………………………… (51)
　　實訓練習1：讓證券投資經紀人明確客戶管理的目標，並掌握實現
　　　　　　　目標的途徑 ……………………………………………… (56)
　　實訓練習2：通過專業記憶訓練，學會記住客戶、客戶資料 ……… (58)
　　實訓練習3：掌握個性化服務的方法 ………………………………… (63)
第二節　證券投資客戶分類管理 ………………………………………… (66)
　　實訓練習4：學會從不同的人群中判斷潛在客戶類型 ……………… (68)
　　實訓練習5：掌握尋找客戶的途徑 …………………………………… (71)
　　實訓練習6：對基金資料的整理與歸納等專業訓練，學會為小客戶提供
　　　　　　　超值的服務 …………………………………………… (74)
　　模擬情景設計3-1　在實訓室模擬證券客戶經理研討會 …………… (76)
　　實訓練習7：掌握客戶經理管理大客戶應具備的基本素質 ………… (79)
　　實訓練習8：通過對股票市場資料的整理與歸納專業訓練，學會為客戶
　　　　　　　提供超值的服務 …………………………………………… (85)

89／第四章　證券投資分析基本分析實訓篇
第一節　證券投資的宏觀經濟分析 ……………………………………… (89)
　　實訓練習1：分析財政政策、貨幣政策和匯率變動對證券市場價格有何
　　　　　　　影響 ………………………………………………………… (95)
第二節　行業分析（中觀分析） ………………………………………… (98)
　　實訓練習2：選擇一個行業、分析行業生命週期的變動對股價的
　　　　　　　影響 ……………………………………………………… (103)
第三節　公司因素分析（微觀因素） …………………………………… (105)
　　實訓練習3：分組討論財務分析的主要內容，並形成書面記錄 …… (110)
　　實訓練習4：分組討論對公司的財務分析主要從哪幾個方面入手、形成
　　　　　　　書面記錄 …………………………………………………… (112)

115／第五章　證券投資技術分析實訓篇
第一節　K線與量價分析方法 …………………………………………… (115)
第二節　葛蘭碧量價關係理論 …………………………………………… (116)
第三節　趨勢分析 ………………………………………………………… (117)
第四節　波浪理論基本原理 ……………………………………………… (119)
　　實訓練習1：初步掌握證券投資技術分析的基本原理 …………… (121)
　　實訓練習2：掌握基本的趨勢理論和波浪理論內容 ……………… (123)
第五節　基本技術分析指標 ……………………………………………… (126)
　　實訓練習3：掌握常見的技術分析指數，能夠運用技術指標分析即時的
　　　　　　　證券行情 …………………………………………………… (131)

第一章

證券公司櫃臺業務流程實訓篇

■ **本章簡介**

　　證券公司櫃臺業務流程分為 A 股證券帳戶的開立與證券帳戶掛失補辦。因此本章分為三節，第一節介紹了開立 A 股證券帳戶的流程，第二節介紹了證券帳戶掛失補辦的流程，第三節介紹了證券帳戶銷戶的流程。

■ **學習目標**

　1. 能熟練開展證券公司營業部各項櫃臺業務。
　2. 能指導客戶填寫開立帳戶所需填寫協議文件，能正確審核客戶開戶資料，能辨別客戶資料的真偽，規避在辦理業務中可能出現的失誤。
　3. 能整理歸納各項業務資料。
　4. 能為客戶提供證券投資基本諮詢服務。

第一節　開立 A 股證券帳戶

一、基本概念

　　（1）證券帳戶：證券帳戶是指證券登記結算機構為投資者設立的，用於準確記載投資者所持的證券種類、名稱、數量及相應權益和變動情況的帳冊，是投資者進行證券交易的先決條件。

　　（2）股東代碼：股東代碼是證明投資者股東身分和區別各投資者的重要憑證，具有證明股東身分的法律效力。股東代碼在開立證券帳戶時自動生成。

　　（3）資金帳戶：股票資金帳戶是股民進行股票交易的一種帳戶形式。股民需要通過股票資金帳戶進行股票買賣，是目前進行股票買賣操作所必需的帳戶。由於證監會取消了證券營業部的資金櫃，所以客戶的資金帳戶就是客戶開戶時所綁定的第三方存管的銀行卡。

二、開戶所需材料

開戶所需的材料有《自然人證券帳戶註冊申請表》《證券開戶風險揭示書》《證券交易委託代理協議書》、身分證、銀行卡。

三、證券開戶流程

（1）申請人提交身分證原件；

（2）櫃員審核客戶的證件是否真實，審核證件所有者和客戶是否為同一人；

（3）客戶填寫「自然人證券帳戶註冊申請表」（見表1-1），簽署《證券交易委託代理協議書》《證券開戶風險揭示書》；

（4）櫃員審核客戶填寫的資料準確無誤後將客戶資料錄入計算機證券開戶系統，並傳輸給中國證券登記結算公司；

（5）櫃員根據中國證券登記結算公司返回的結果生成證券帳戶卡並打印，加蓋證券公司證券帳戶開戶專用章；

（6）櫃員將客戶的身分證、證券帳戶卡和加蓋了相關業務章的開戶憑證聯交給客戶，並向其分發相關宣傳資料；

（7）櫃員將客戶的相關資料整理歸檔。

四、樣表和相關資料

表1-1為自然人證券帳戶註冊申請表：

表1-1　　　　　　　　　　自然人證券帳戶註冊申請表

	帳戶持有人姓名	李明		國籍或地區	中國
申請人填寫	移動電話	18866668888		固定電話	
	聯繫地址	重慶市江北區帝國大廈1205室			
	電子郵件地址			郵政編碼	400000
	有效身分證明文件類別	☑身分證　□護照　□其他		身分證明文件有效期截止日期	☑2020年5月22日 □長期有效
	有效身分證明文件號碼	5 0 0 1 0 5 1 9 8 6 0 8 0 8 3 5 1 3			
	職業	□黨政機關工作人員　□企事業單位職工　□農民 □個體工商戶　☑學生　□證券從業人員　□無業　□其他			
	學位/學歷	□博士　□碩士　☑大本　□大專　□中專 □高中　□初中及以下			
	帳戶類別	☑滬市A股帳戶　□滬市B股帳戶　☑滬市基金帳戶　□滬市其他帳戶 ☑深市A股帳戶　□深市B股帳戶　☑深市基金帳戶　□深市其他帳戶			
	是否直接開通網絡服務功能	☑是　　　　□否	網絡服務初始密碼 （六位數字或字母）		
	代辦人		代辦人電話		
	代辦人有效身分證明文件類別	□身分證　□護照　□其他			
	代辦人有效身分證明文件號碼				
	鄭重聲明	本人已經瞭解並願意遵守國家有關證券市場管理的法律、法規、規章及相關業務規則，認真閱讀了《證券帳戶註冊說明書》並接受說明書內容，承諾以上填寫的內容真實準確。 申請人或代辦人簽名：日期：2018年6月6日			

表1-1(續)

開戶代理機構填寫	審核資料： ☑有效身分證明文件及複印件 ☑申請人或代辦人是否已簽名 ☑本表內容是否填寫全面、正確															
^	帳戶類別	上海市場								深圳市場							
^	A 股帳戶	A	*	*	*	*	*	*	*	0	*	*	*	*	*	*	*
^	B 股帳戶																
^	基金帳戶																
^	其他帳戶																
^	經辦人：張豪 復核人：王振 傳真：	開戶代理機構蓋章： 聯繫電話： 填表日期：2018 年 6 月 6 日															
備註																	

說明：①填寫內容必須真實、準確、完整，字跡要清楚、整潔；②開戶申請人選擇開通網絡服務功能需填寫自設的初始密碼。從帳戶開立次日起，開戶申請人可訪問本公司網站（http：//www.chinaclear.cn），點擊「投資者服務」項下「投資者登錄」，選擇「非證書用戶登錄」下的「按證券帳戶」登錄方式，使用證券帳戶號碼和初始密碼登錄，修改初始密碼後即可辦理證券查詢、股東大會網絡投票等網絡服務。

以下內容為「證券交易委託代理協議書（自然人）」：

依據《中華人民共和國證券法》《中華人民共和國合同法》《中華人民共和國反洗錢法》和其他有關法律、法規、規章以及證券交易所和中國證券登記結算有限責任公司有關交易、結算規則的規定，甲、乙雙方就甲方委託乙方代理證券交易及其他相關事宜達成如下協議，供雙方共同遵守。

第一章 雙方聲明及承諾

第一條 甲方向乙方作如下聲明和承諾：

甲方具有合法的證券投資資格，不存在法律、法規、規章、證券登記結算機構業務規則以及證券交易所交易規則禁止或限制其投資證券市場的情形。

甲方已接受營業部工作人員對《證券交易相關業務規則》《風險揭示書》和《證券交易委託代理協議書》全部內容的講解，甲方已詳細閱讀並充分理解《風險揭示書》中風險提示函、買者自負承諾函、權證風險揭示書、個人投資者行為指引以及《證券交易委託代理協議書》中所有條款的全部內容，特別是有關乙方的免責條款，清楚認識並願意承擔證券市場投資風險。

甲方已清楚知曉乙方對營業部及員工的下述規定：①不得超越經營範圍開展其他經營活動；②不得私自接受或全權代理甲方辦理開戶、銀證轉帳申請、客戶資料修改、資金存取、資金劃轉、委託買賣、指定或撤銷指定交易、轉託管、交割、辦理三方存管等一切與證券交易有關的業務；③不得向甲方承諾證券投資收益、保底收益及分擔損失；④不得為甲方從事任何意義上資產管理（代客理財）業務；⑤不得向甲方或第三人私下吸收存款、支付高息；⑥不得向甲方或第三人提供擔保。如甲方出現了上述行為，造成的一切後果均自行承擔。

甲方選擇並確認證券經紀人時，已清楚知曉乙方授予證券經紀人的服務權限和禁

止經紀人從事的行為，並清楚知曉為其提供服務的證券經紀人非乙方公司員工，證券經紀人僅能在法律法規規定及乙方授予的權限範圍內為甲方提供服務，否則所造成的一切後果由甲方自行承擔。甲方選擇證券經紀人時，確認其已向甲方出示了「證券經紀人執業證書」。

甲方保證資金來源的合法性，保證在與乙方委託代理關係存續期內所提供資料的真實、有效、合法、完整，並對其承擔責任。甲方帳戶不存在其他實際控制的自然人和交易的實際受益人（如有則另行說明）。

甲方所提供的資料、信息如有變更，甲方承諾及時向乙方辦理有關資料更改手續，如因不及時變更所導致的帳戶無法正常使用等後果均由甲方自行承擔。

甲方同意遵守證券市場有關法律、法規、規章以及證券登記結算機構業務規則及證券交易所交易規則。

甲方承諾遵守本協議，並承諾遵守乙方的相關管理制度。

第二條　乙方向甲方作如下聲明和承諾：

乙方是依法設立的證券經營機構，具有相應的證券經紀業務資格，且已實施客戶交易結算資金第三方存管。

乙方具備開展證券經紀業務的必要條件，能夠為甲方的證券交易提供相應服務。

乙方承諾遵守有關證券市場的法律、法規、規章、證券登記結算機構業務規則以及證券交易所交易規則，乙方的經營範圍以證券監督管理機關批准的經營內容為限，不接受客戶的全權交易委託，不對客戶的投資收益或虧損進行任何形式的保證，不編造或傳播虛假信息誤導投資者，不誘使客戶進行不必要的證券買賣。

乙方承諾遵守本協議，按本協議為甲方提供證券交易委託代理服務。

第二章　證券交易資金帳戶的開立

第三條　本協議所稱的資金帳戶是指客戶交易結算資金第三方存管協議（以下簡稱「第三方存管協議」）中的資金臺帳，該帳戶由甲方在乙方開立並專門用於甲方的證券交易，乙方通過該帳戶對甲方的證券交易進行前端控制、進行清算交收和計付利息等。

第四條　甲方開立資金帳戶須由本人到乙方櫃臺辦理，乙方不接受其他任何方式的申請。

甲方開立資金帳戶須提供本人有效身分證明文件原件及複印件、本人同名證券帳戶卡（如有）及複印件、第三方存管協議，並按乙方要求如實填寫開戶資料。由甲方提供的前述資料引起的法律後果由甲方承擔。

第五條　甲方開立資金帳戶後，須在資金帳戶存入足夠資金作為客戶交易結算資金。資金存入方式應當按照第三方存管協議的有關條款執行。

第六條　甲方依法享有資金存取自由。甲方的證券交易結算資金存入其資金帳戶，只能通過其銀行結算帳戶以銀證轉帳方式存入，且該資金只能以銀證轉帳方式自其資金帳戶回到其同名銀行結算帳戶。具體事宜按照第三方存管協議有關條款執行。

第七條　甲方開立資金帳戶時應自行設置密碼，甲方在乙方提供服務的時間內可以隨時修改密碼。甲方必須牢記該密碼，並對密碼負有保密責任。

第三章 證券交易委託代理

第八條 乙方為甲方提供以下服務：

接受並執行甲方發出的合法有效的委託指令；代理甲方進行資金、證券的清算、交收；代理保管甲方買入或存入的有價證券；代理甲方領取紅利股息及其他利益分配；接受甲方對其委託、成交及資金帳戶內的資金和證券帳戶內的證券變化情況的查詢，並應甲方要求提供相關清單；雙方依法約定的其他事項；證券監督管理機關規定提供的其他服務。

第九條 甲方簽署本協議並在乙方處開立了資金帳戶後，便與乙方建立了證券交易委託代理關係。甲方向乙方發出證券交易指令的行為稱為交易委託，簡稱「委託」。

甲方的交易委託方式以本協議約定的方式為準。除乙方為甲方默認開通的電話委託、櫃臺委託（應急用）交易方式外，甲方還可向乙方申請開通網上委託、手機委託（統稱「網上交易」）、自助委託、駐留委託的交易方式。甲方應熟悉各種委託方式的操作方法，乙方對此有解答諮詢的義務。甲方在使用約定開通的委託方式的同時須承擔相應的責任和義務。

第十條 如甲方選擇網上交易，應充分認識到網上交易是通過基於互聯網的證券交易系統發出委託並獲取成交結果的交易方式，其上網終端包括電子計算機及手機等設備，因此網上交易除具有其他委託方式所共有的風險外，還存在且不限於以下可能導致甲方損失的特有風險：

由於互聯網和移動通信網絡數據傳輸等原因，交易指令可能會出現中斷、停頓、延遲、數據錯誤等情況；甲方帳號及密碼信息洩露或客戶身分可能被仿冒；由於互聯網存在被黑客惡意攻擊的可能性，網絡服務器可能會出現故障及其他不可預測的因素，行情信息及其他證券信息可能會出現錯誤或延遲；甲方的網絡終端設備及軟件系統可能會受到非法攻擊或病毒感染，導致無法發出委託或委託失敗；甲方的網絡終端設備及軟件系統與乙方所提供的網上交易系統可能不兼容，導致無法發出委託或委託失敗；甲方如缺乏網上交易經驗，可能因操作不當導致委託失敗或委託失誤；甲方進行網上交易時，由於網絡故障，可能會出現甲方網絡終端設備顯示其委託已成功，而乙方服務器實際未收到其委託指令，導致甲方未能買入和賣出，或者甲方網絡終端設備未顯示成功，甲方於是重複發出委託指令，而乙方服務器實際已收到其委託指令，並按其指令進行了交易，導致甲方重複買入和賣出。

第十一條 對於本協議第十條所列示的風險導致的甲方損失，乙方不承擔任何賠償責任。

第十二條 甲方進行網上交易所使用的軟件必須是乙方提供的或從乙方指定站點下載的。甲方使用其他途徑獲得的軟件所產生的後果由甲方自行承擔。

第十三條 甲方申請開通網上交易時，應設定網上交易使用的通信密碼或領取「CA證書」及證書密碼（一般以乙方提供的方式為準），凡使用甲方的資金帳戶號、證券帳戶號、交易密碼、通信密碼（證書密碼）進行的網上交易均視為甲方自行操作，由此所產生的一切後果由甲方承擔。

第十四條 甲方申請開通網上交易後，如遇網絡中斷、高峰擁擠或網上交易被凍結時，可採用電話等其他方式發出委託。

第十五條　甲方網上交易的單筆委託數量及單個交易日最大成交金額等限制按照證券監督管理機關的有關規定執行。

第十六條　甲方確認在使用網上交易系統時如果連續五次輸錯密碼，乙方有權暫時凍結甲方的網上委託交易方式，連續輸錯密碼的次數以乙方的電腦記錄為準。甲方的網上委託交易方式被凍結後，可向乙方申請解凍或撥打乙方客服熱線諮詢。

第十七條　甲方應單獨使用乙方網上交易系統，不得與他人共享。甲方不得擅自向第三方洩露通過乙方網上交易系統獲得的乙方提供的相關證券信息參考資料。甲方不得利用乙方網上交易系統從事證券代理買賣業務並從中收取費用。如甲方違反上述約定，乙方有權凍結甲方的網上交易功能，並有權追究甲方的法律責任。

第十八條　對於本協議簽訂之後出現的新的證券交易委託方式和證券業務品種，在符合國家有關法律法規和行業規範的前提下，乙方可視情況為甲方適時提供網上開通或預約服務。

甲方通過互聯網或移動通信網絡開通新的委託方式或證券業務品種時，應按照乙方規定的流程輸入資金帳戶號（或證券帳戶號）、交易密碼和其他身分校驗信息。凡經乙方驗證其輸入無誤的，即視為甲方本人操作辦理，通過網上交易系統簽署的申請表單或協議即視為甲方本人簽署，由此所產生的一切後果由甲方承擔。

第十九條　甲方通過本協議第九條約定的委託交易方式發出的委託指令均以乙方電腦記錄資料為準。甲方進行櫃臺委託（應急）時，須提供本人有效身分證明文件、甲方證券帳戶卡和資金帳戶卡，並按乙方要求填寫委託單。否則，乙方有權拒絕受理甲方的委託，由此造成的後果由甲方承擔。

甲方在使用非櫃臺委託方式進行證券交易時，必須嚴格按照乙方證券交易委託系統的提示進行操作，因甲方操作失誤造成的損失由甲方自行承擔。

對乙方電腦系統和證券交易所交易系統拒絕受理的委託，均視為無效委託。

第二十條　甲方在進行委託前須確保已完全瞭解有關交易規則，避免發出無效委託指令，否則由此導致的一切後果由甲方自行承擔。

第二十一條　甲方委託乙方代理買賣證券，可以採取限價委託和市價委託等方式。

第二十二條　甲方在委託有效期內可對未顯示成交回報的委託發出撤銷委託指令（交易規則另有規定的除外），但由於市場價格隨時波動及成交回報速度等原因，甲方的撤銷委託指令雖經乙方發出，其未顯示成交回報的委託可能已在市場成交，此時甲方必須確認其成交。

第二十三條　乙方按照國家有關管理機構統一規定範圍內的標準或慣例向甲方收取甲方各項交易費用、代徵稅金，向甲方支付客戶交易結算資金利息，並在甲方資金帳戶中自動劃轉。

第二十四條　乙方對根據甲方有效委託而完成的代理買賣交易所引起的後果不負任何責任。

第二十五條　甲方委託成交與否以證券登記結算機構發送的清算數據為準，成交即時回報與口頭答覆均僅供參考。由於市場原因或設備、網絡通信等技術原因，如果出現甲方委託的價格被穿越後長時間仍無成交即時回報的情況，此時甲方委託成交與否一律以證券登記結算機構發送的清算數據為準。乙方接受甲方對其委託成交及帳戶資金和證券變化情況的查詢，並應甲方的要求提供相應的清單。

第二十六條　甲方應特別注意市場有關配股繳款、紅利領取、紅股上市等信息，並在配股繳款截止日和紅股上市日之前向乙方諮詢有關情況。

第二十七條　甲方發現以下異常以致影響甲方的正常交易時，甲方應立即通知乙方：

交易所已開市，甲方無法進入委託交易系統；甲方發現資金帳戶中資金餘額有異常；交易所已開市，甲方發現有價證券餘額有異常；甲方知道有人在未經任何授權的情況下使用其用戶密碼、註冊口令或個人證書。

當上述情況發生後，甲方應及時與乙方聯繫，以保證甲方的正常交易能夠盡快恢復。

第二十八條　甲方將證券託管或轉託管在乙方處，應及時向乙方確認證券入帳情況。

第二十九條　乙方通過本協議第九條約定的委託交易方式提供給甲方的各種信息、數據僅供甲方參考，甲方對其全部證券交易的查詢及資金和證券對帳均以乙方蓋章的對帳單為準。

第三十條　乙方接受甲方委託指令時，因甲方原委託指令未撤銷而造成乙方無法執行甲方新的委託指令所導致的後果由甲方承擔。

第三十一條　甲方應在委託發出後三個交易日內向乙方查詢該委託結果。當甲方對查詢結果有異議時，須在查詢當日以書面方式向乙方質詢，甲方逾期未辦理查詢或未對有異議的查詢結果以書面方式向乙方提出質詢的，視同甲方已確認該結果。

第三十二條　如甲方選擇乙方作為其在上海證券交易所上市交易證券的指定交易代理機構（以下簡稱「指定交易」），則雙方還應遵循：

甲方選擇乙方為指定交易代理商，並以乙方為指定交易點，甲方在指定交易期間的證券買賣均通過乙方代理；指定交易的證券品種以在上海證券交易所上市交易的記名證券為限；乙方應在本協議簽訂當日為甲方完成指定交易帳戶的申報，如因故延遲，乙方應告知甲方，並最遲於本協議簽訂之日的下一個交易日完成該指定交易帳戶的申報；指定交易生效後，甲方證券帳戶內的記名證券即在乙方處託管，乙方日終根據證券登記結算機構傳送的指定交易證券帳戶的證券餘額，為甲方建立明細帳，用於進行相關證券的結算過戶；甲方根據需要可向乙方書面申請撤銷在乙方處的指定交易，乙方應在甲方申請的當日為其辦理撤銷指定交易申報，如因故延遲，乙方應告知甲方，並最遲於收到書面申請起下一個交易日完成該指定交易帳戶的撤銷指令，如甲方未履行交易交收義務、帳戶狀態不正常或存在違約情況，不得辦理撤銷指定交易，甲方不得通過電話委託或自助委託系統等非書面申請方式自行辦理指定交易或撤銷指定交易。

第三十三條　為保護甲方資產安全，對於超過乙方規定額度的撤銷指定交易、轉託管或取款，甲方須至少提前一天向乙方提出預約申請。

第四章　證券交易的清算與交收

第三十四條　對於甲方買賣的證券交易所交易的證券品種，乙方按照證券交易所及中國證券登記結算有限責任公司的清算交收規則完成與甲方的證券清算與交收。

第三十五條　對於甲方買賣乙方代銷的金融產品，乙方按產品管理人的相關公告

進行交收，對於買入產品的交易，乙方在產品管理人確認時扣收甲方資金；對於賣出產品的交易，乙方在收到產品管理人的實際資金後給付甲方資金。由於產品管理人原因造成不能按時完成交收的，乙方不承擔交收責任，甲方可向產品管理人或其託管人提出交收要求。

第五章 甲方資料信息變更、帳戶限制及委託代理關係終止

第三十六條 當甲方重要資料信息變更時，應及時書面通知乙方，並按乙方要求辦理變更手續。第三方存管協議另有約定的，從其約定。

前款所述甲方重要資料信息包括但不限於甲方姓名、有效證件類型及號碼、證件有效期、證券帳戶號、代理人信息、存管銀行信息、聯繫方式、通信地址、委託方式等。

第三十七條 甲方辦理撤銷指定交易、轉託管及銷戶手續，須本人到乙方櫃臺辦理，乙方不接受其他方式的申請。甲方需提供本人有效身分證明文件原件及複印件、證券帳戶卡及資金帳戶卡原件，並按乙方要求填寫相關申請表。第三方存管協議另有約定的，從其約定。

第三十八條 除非甲方有未履行交易交收義務及違法違規情形，或與乙方簽訂的各種協議未履行完畢，或帳戶處於非正常狀態等，甲方有權要求乙方及時辦理撤銷指定交易、轉託管及銷戶手續，終止與乙方的委託代理關係。第三方存管協議另有約定的，從其約定。

第三十九條 有下列情形之一的，乙方可要求甲方限期糾正，甲方不能按期糾正或拒不糾正的，乙方可視情形限制甲方的交易委託、資金轉帳、撤銷指定交易、轉託管及銷戶等操作，或暫停甲方對其帳戶的使用，直至撤銷與甲方的委託代理關係：

乙方發現甲方向其提供的資料、證件等嚴重失實，或已過有效期而甲方未在合理期限內更新且未提出合理理由的；乙方發現甲方的資金來源不合法；乙方發現甲方有被證券監管部門、證券交易所認定的違法違規使用帳戶或嚴重影響正常交易秩序的異常交易行為；甲方有嚴重損害乙方合法權益、影響其正常經營秩序的行為；甲方有違法違規行為導致乙方已經或可能被證券監管部門、證券交易所採取監管處罰措施的；法律法規規定和本協議約定的其他情況。

第四十條 乙方撤銷其與甲方的委託代理關係，需書面通知甲方，並說明理由。

第四十一條 甲方在收到乙方撤銷委託代理關係的書面通知後，須本人到乙方櫃臺辦理銷戶手續。在甲方收到乙方撤銷委託代理關係通知至甲方銷戶手續辦理完畢期間，乙方不接受除賣出甲方持有證券外的所有委託指令。

第六章 甲乙雙方的責任及免責條款

第四十二條 甲方委託乙方買賣證券時應保證其資金帳戶及證券帳戶中有足夠的資金或證券，保證根據成交結果承擔相應的清算交收責任，否則乙方有權拒絕甲方的委託指令。甲方資金或證券不足時，因非正常原因造成甲方買入或賣出成功的，甲方應承擔透支資金或賣空證券的歸還責任，乙方有權對甲方的資金和證券進行處分，包括但不限於限制取款和限制交易、留置、扣劃、強制平倉等，由此造成的全部損失和法律後果由甲方自行承擔，給乙方造成的損失，乙方有權追償。因非正常原因造成甲

方帳戶資產超過其應得資產時，甲方應及時返還其不當得利，乙方有權按甲方帳戶實際發生額對相關資產予以扣劃調整。

第四十三條　甲方委託乙方買賣證券成交的，應當依法納稅並按約定向乙方交納佣金。

第四十四條　乙方鄭重提醒甲方注意密碼的保密。任何使用甲方密碼進行的操作均視為甲方行為；由於密碼失密給甲方造成損失的，甲方自行承擔全部經濟損失和法律後果。

第四十五條　乙方對甲方的開戶資料、委託事項、交易記錄等負有保密義務，非經法定有權機關或甲方許可或授權，不得向第三人透露，因第三方存管協議有約定可被存管銀行獲悉的除外。乙方承擔因其擅自洩露甲方資料給甲方造成的損失和法律後果。

第四十六條　甲方應妥善保管其身分證、證券帳戶卡和資金帳戶卡，因他人偽造（變造）身分證、證券帳戶卡和資金帳戶卡給甲方造成損失，乙方有過錯的，應由乙方先予承擔，再依法追償相關損失。

第四十七條　當甲方遺失身分證、證券帳戶卡、資金帳戶卡時，應及時向乙方辦理掛失，乙方只接受甲方的當面掛失，不接受其他任何形式的掛失請求，在掛失生效前已經發生的資金及有價證券的損失由甲方承擔。

第四十八條　因地震、臺風、水災、火災、戰爭、瘟疫、社會動亂及其他不可抗力因素導致甲方損失，乙方不承擔任何賠償責任。

第四十九條　因乙方不可預測或無法控制的系統故障、設備故障、通信故障、電力故障等突發事故及其他非乙方人為因素、監管機關或行業協會規定的其他免責情形，給甲方造成的損失，乙方如無過錯則不承擔任何賠償責任。乙方因按照監管機關、交易所、登記結算機構等部門的要求對系統進行改版升級而導致甲方不能正常交易的，乙方不承擔任何責任。

第五十條　前兩條所述事件發生後，甲乙雙方應當及時採取措施防止損失的進一步擴大。

第五十一條　乙方營業部經證券監督管理機關批准發生撤銷、搬遷、停業、清算、關閉、合併等情況無法向甲方提供服務的，乙方有權單方面解除本協議而不承擔法律責任。

第五十二條　乙方營業場所及營業條件發生變化導致不能保證提供自助委託、駐留委託交易方式的，甲方除可選擇電話委託或開通網上交易外，有權單方面解除本協議而不承擔法律責任。

第五十三條　乙方應本著勤勉盡責的精神向甲方提供證券交易有關信息資料，乙方向甲方提供的各種信息及資料僅作為投資參考，不構成對甲方進行證券交易的暗示或建議，甲方應自行承擔據此進行投資所產生的風險。

第七章　爭議的解決

第五十四條　因甲方違反本協議約定而使乙方遭受的損失應由甲方承擔責任，乙方對甲方資金帳戶內的資金及其證券帳戶內的證券有優先受償權。

第五十五條　如出現涉及甲方財產繼承權或財產歸屬的糾紛，乙方均按公證機關

出具的公證書或司法機關的裁決辦理。

第五十六條 本協議執行中發生的糾紛，甲乙雙方可以自行協商解決或向中國證券業協會申請調解，若協商或調解不成，雙方同意按以下兩種方式解決：（如甲方不做選擇，則默認為選擇第（2）種）

（1）提交仲裁委員會仲裁；
（2）向乙方所在地法院提起訴訟。

第八章　附則

第五十七條 甲乙雙方必須嚴格遵守有關法律、法規、規章、證券登記結算機構業務規則以及證券交易所交易規則的規定。

第五十八條 《風險揭示書》是本協議的組成部分，與本協議具有同等法律效力。如甲方選擇開通權證業務，則表明甲方已詳細閱讀了《權證風險揭示書》，充分理解其權利義務的約定。

第五十九條 乙方按照有關法律、法規、規章、證券登記結算機構業務規則以及證券交易所交易規則的相關規定向甲方收取佣金及其他服務費用、代扣代繳有關稅費。

乙方根據前款規定制定佣金及其他服務費用收取標準，並有權根據市場狀況調整上述收取標準，但乙方應按照相關法律法規要求事先履行有關程序。

第六十條 甲方的委託憑證是指其櫃臺委託所填寫的單據、非櫃臺委託所形成的乙方電腦記錄資料。

第六十一條 乙方必須根據法律法規規定的方式和期限保存甲方的委託憑證等資料。

第六十二條 甲方持有上市公司有限售條件股份的，相關股份的限售與上市流通須遵照證券監管部門有關規定，乙方按照有關規定對甲方帳戶及資產採取限制措施導致甲方損失的，乙方不承擔任何責任。

第六十三條 本協議簽署後，若有關法律、法規、規章、證券登記結算機構業務規則以及證券交易所交易規則修訂，本協議相關內容及條款按新修訂的規定辦理，但本協議其他內容及條款繼續有效。

第六十四條 本協議根據有關法律、法規、規章、證券登記結算機構業務規則以及證券交易所交易規則制定，如需修改或增補，修改或增補的內容將由乙方在其營業場所及網站以公告形式通知甲方，若甲方在七日內不提出異議，則公告內容即成為本協議組成部分。

第六十五條 本協議所指的通知方式除上述條款中已有約定外，可以是書面送達通知、電話通知或公告通知。

郵寄的書面通知以回執上註明的收件日期為送達日期，郵件通知無法送達的，以公告通知的方式送達；電話通知即時生效；公告通知在乙方公告（公告內容由乙方在其營業場所及網站或《上海證券報》《中國證券報》《證券時報》任何一種報刊上發布）之日起七日內甲方沒有提出異議的，即行生效。

第六十六條 本協議所涉及名詞、術語的解釋，以法律法規的規定為準；法律法規對此沒有解釋的，適用證券監督管理機關規範性文件、證券交易所和證券登記結算機構有關規則及行業規章。

第六十七條　本協議有效期自雙方簽署之日起至甲方資金帳戶銷戶或第三十八條、第三十九條所指情形發生時止。

第六十八條　本協議有關資金存管、資金帳戶註銷等條款與第三方存管協議不一致的，以第三方存管協議為準。

第六十九條　本協議簽署後甲乙雙方一致同意此前簽的相關協議自然終止。

第七十條　本協議一式兩份，雙方各執一份，每份具有同等法律效力。

本人（甲方）已詳細閱讀和充分理解《風險揭示書》以及《證券交易委託代理協議書》所有條款的全部內容，自願簽署《證券交易委託代理協議書》。

甲方（簽名）：李明　　　　　　　　乙方（蓋章）：××××證券公司

日期：××××年×月××日

以下內容為「證券開戶風險揭示書」：

尊敬的證券投資者：

在進行證券交易時，可能會獲得較高的投資收益，但同時也存在著較大的證券投資風險。為了使您更好地瞭解其中的風險，根據有關證券交易法律法規和證券交易所業務規則，特提供本風險提示書，請仔細詳細閱讀。

投資者從事證券投資存在如下風險：

（1）宏觀經濟風險：由於中國宏觀經濟形勢的變化以及周邊國家、地區宏觀經濟環境和周邊證券市場的變化，可能會引起國內證券市場的波動，使您存在虧損的可能，您將不得不承擔由此造成的損失。

（2）政策風險：有關證券市場的法律、法規及相關政策、規則發生變化，可能引起證券市場價格波動，使您存在虧損的可能，您將不得不承擔由此造成的損失。

（3）上市公司經營的風險：由於上市公司所處行業整體經營形勢的變化；上市公司經營管理等方面的因素，如經營決策重大失誤、高級管理人員變更、重大訴訟等都可能引起該公司證券價格的波動；由於上市公司經營不善甚至於會導致該公司被停牌、摘牌，這些都使您存在虧損的可能。

（4）技術風險：由於交易撮合及行情揭示是通過電子通信技術和電腦技術來實現的，這些技術存在著被網絡黑客和計算機病毒攻擊的可能，由此可能給您帶來損失。

（5）不可抗力因素導致風險：諸如地震、火災、水災、戰爭等不可抗力因素可能導致證券交易系統的癱瘓；證券營業部無法控制和不可預測的系統故障、設備故障、通信故障、電力故障等也可能導致證券交易系統非正常運行甚至癱瘓，這些都會使您的交易委託無法成交或者無法全部成交，您將不得不承擔由此導致的損失。

（6）其他風險：由於您密碼失密、操作不當、投資決策失誤等原因可能會使您發生虧損，該損失將由您自行承擔；在您進行證券交易中他人給予您的保證獲利或不會發生虧損的任何承諾都是沒有根據的，類似的承諾不會減少您發生虧損的可能。

特別提示：本公司敬告投資者，應當根據自身的經濟實力和心理承受能力認真制

定證券投資策略，尤其是當您決定購買 ST、＊ST 類股票時，尤其應該清醒地認識到該類股票比其他股票蘊涵更大的風險。由此可見，證券市場是一個風險無時不在的市場。您在進行證券交易時存在贏利的可能，也存在虧損的風險。

本風險揭示書並不能揭示從事證券交易的全部風險及證券市場的全部情形。您務必對此有清醒的認識，認真考慮是否進行證券交易。市場有風險，入市需謹慎！

實訓項目 1

按班級人數分組，每組 2 名同學，分別扮演證券公司開戶辦理窗口的櫃員和到證券公司開戶的客戶，按照本節的開戶流程填寫自然人證券帳戶註冊申請表，扮演櫃員的同學向扮演客戶的同學詳細講解證券交易委託代理協議書的各項規定，並模擬表演證券開戶的整個過程，雙方將詳細的辦理過程記錄下來，並予以總結。

實訓過程：

實訓總結和心得體會：

第二節　證券帳戶掛失補辦

一、掛失補辦所需材料

掛失補辦手續所需準備的材料有「掛失補辦證券帳戶卡申請表」、身分證。

二、掛失補辦流程

（1）客戶填寫「掛失補辦證券帳戶卡申請表」，並提交本人身分證；
（2）櫃員審核客戶所填資料和身分證件的真實性、有效性、一致性；
（3）櫃員在電腦上為客戶辦理掛失業務，將客戶資料傳輸到中國證券登記結算公司，經確認後由客戶選擇補辦原號碼證券帳戶卡或者新號碼的證券帳戶卡；
（4）櫃員將客戶身分證和新的證券帳戶卡交還客戶，並將客戶資料整理歸檔。

三、樣表和相關資料

表 1-2 為「掛失補辦證券帳戶卡申請表」。

表 1-2　　　　　　　　　　掛失補辦證券帳戶卡申請表

申請人填寫	帳戶持有人姓名/全稱	李明			
	有效身分證明文件類別	身分證			
	有效身分證明文件號碼	500105198608083513	郵政編碼	40000	
	聯繫地址	重慶市江北區帝國大廈1205室	聯繫電話	18866668888	
	經辦人簽名		有效身分證明文件號碼		
	選擇打「√」並填寫原證券帳戶號：	☑掛失補辦原號碼 □掛失補辦新號碼	A＊＊＊＊＊＊＊＊	O＊＊＊＊＊＊＊＊	
	備註				

代理機構審核欄	審核資料：　　　　　　　　　　　　　　　　　　序號： 法人： □法人有效身分證明文件及複印件 □經辦人有效身分證明文件及複印件 □法定代表人證明書、法定代表人授權委託書（境內法人提供） □法定代表人有效身分證明文件複印件（境內法人提供） □託管證券營業部（或 B 股託管機構）出具的原證券帳戶凍結證明 □境外法人董事會、董事或主要股東授權委託書，能夠證明授權人有權授權的文件，以及授權人的有效身分證明文件複印件 □本表內容是否填寫全面、正確 自然人： ☑有效身分證明文件及複印件或戶口本、戶口所在地公安機關出具的貼本人照片並壓蓋　公安機關印章的身分證遺失證明及複印件 ☑託管證券營業部（或 B 股託管機構）出具的原證券帳戶凍結證明（補辦新號碼證券帳戶卡時提供） ☑本表內容是否填寫全面、正確 處理意見： 經辦人：張豪　　　復核人：王振　　　代理機構蓋章： 負責人：趙飛　　　聯繫電話：023-25642598 傳真：　　　　　日期：2018 年 2 月 11 日

處理結果	掛失補辦滬市新號碼為：	A＊＊＊＊＊＊＊＊
	掛失補辦深市新號碼為：	O＊＊＊＊＊＊＊＊
	經辦人：張豪	

說明：填寫內容必須真實、準確、完整，字跡要清楚、整潔。

第三節　證券帳戶銷戶

一、註銷帳戶所需材料

「註銷證券帳戶卡申請表」、身分證。

二、註銷帳戶流程

（1）客戶填寫「註銷證券帳戶卡申請表」，並提交本人身分證；
（2）櫃員審核客戶所填資料和身分證件的真實性、有效性、一致性；
（3）櫃員在電腦上為客戶辦理註銷業務，將客戶資料傳輸到中國證券登記結算公司，經確認後為客戶註銷證券帳戶；
（4）櫃員將客戶身分證交還客戶，並將客戶資料整理歸檔。

三、樣表和相關資料

表1-3為「註銷證券帳戶申請表」。

表1-3　　　　　　　　　　註銷證券帳戶申請表

申請人填寫欄	帳戶持有人姓名/全稱	李明	
	有效身分證明文件號碼	500105198608083513	
	證券帳戶號	上海A股	A*********
		深圳A股	0*********
	註銷原因：證券帳戶卡已遺失		
	經辦人簽名	張豪	聯繫電話及地址　023-25642598

表1-3(續)

代理機構審核欄	審核資料： 法人： □證券帳戶卡 □法人有效身分證明文件及複印件 □經辦人有效身分證明文件及複印件 □法定代表人證明書、法定代表人授權委託書（境內法人提供） □法定代表人有效身分證明複印件（境內法人提供） □境外法人董事會、董事或主要股東授權委託書，能夠證明授權人有權授權的文件，以及授權人的有效身分證明文件複印件 □本表內容是否填寫全面、正確 自然人： ☑證券帳戶卡 ☑有效身分證明文件及複印件 ☑本表內容是否填寫全面、正確 處理意見： 經辦人：張豪　　　　　　　　　代理機構蓋章： 復核人：王振　　　　　　　　　聯繫電話：023-25642598 傳真：　　　　　　　　　　　　日期：2018年6月15日	序號：
處理結果	證券帳戶已註銷 簽　名：張豪　　　　　　　　　日期：2018年6月15日	

注意事項：若證券帳戶持有人的證券帳戶卡已丟失，須在「註銷原因」欄註明「證券帳戶卡已遺失」。

表 1-4 為「自然人證券帳戶註冊申請表」。

表 1-4　　　　　　　　　　自然人證券帳戶註冊申請表

申請人填寫	帳戶持有人姓名			國籍或地區	
	移動電話			固定電話	
	聯繫地址				
	電子郵件地址			郵政編碼	
	有效身分證明文件類別	□身分證　□護照　□其他		身分證明文件有效期截止日期	□　　年　　月　　日 □長期有效
	有效身分證明文件號碼				
	職業	□黨政機關工作人員　□企事業單位職工　□農民 □個體工商戶　□學生　□證券從業人員　□無業　□其他			
	學位\學歷	□博士　□碩士　□大本　□大專　□中專 □高中　□初中及以下			
	帳戶類別	□滬市 A 股帳戶　□滬市 B 股帳戶　□滬市基金帳戶　□滬市其他帳戶 □深市 A 股帳戶　□深市 B 股帳戶　□深市基金帳戶　□深市其他帳戶			
	是否直接開通網絡服務功能	□是　　　□否	網絡服務初始密碼（六位數字或字母）		
	代辦人		代辦人電話		
	代辦人有效身分證明文件類別	□身分證　□護照　□其他			
	代辦人有效身分證明文件號碼				
	鄭重聲明	本人已經瞭解並願意遵守國家有關證券市場管理的法律、法規、規章及相關業務規則，認真閱讀了《證券帳戶註冊說明書》並接受說明書內容，承諾以上填寫的內容真實、準確。 申請人或代辦人簽名：　　　　　　　　　　　　　　　日期：　　年　月　日			
開戶代理機構填寫	審核資料： □有效身分證明文件及複印件 □申請人或代辦人是否已簽名 □本表內容是否填寫全面、正確				
	帳戶類別	上海市場		深圳市場	
	A 股帳戶				
	B 股帳戶				
	基金帳戶				
	其他帳戶				
	經辦人： 復核人： 傳真：		開戶代理機構蓋章： 聯繫電話： 填表日期：		
備註					

說明：①填寫內容必須真實、準確、完整，字跡要清楚、整潔。②開戶申請人選擇開通網絡服務功能的，需填寫自設的初始密碼。從帳戶開立次日起，開戶申請人可訪問本公司網站（http://www.chinaclear.cn），點擊「投資者服務」項下「投資者登錄」，選擇「非證書用戶登錄」下的「按證券帳戶」登錄方式，使用證券帳戶號碼和初始密碼登錄，修改初始密碼後即可辦理證券查詢、股東大會網絡投票等網絡服務。

表 1-5 為「掛失補辦證券帳戶卡申請表」。

表 1-5　　　　　　　　　　掛失補辦證券帳戶卡申請表

<table>
<tr><td rowspan="7">申請人填寫</td><td>帳戶持有人姓名/全稱</td><td colspan="4"></td></tr>
<tr><td>有效身分證明文件類別</td><td colspan="4"></td></tr>
<tr><td>有效身分證明文件號碼</td><td></td><td>郵政編碼</td><td></td></tr>
<tr><td>聯繫地址</td><td></td><td>聯繫電話</td><td></td></tr>
<tr><td>經辦人簽名</td><td></td><td>有效身分證明文件號碼</td><td></td></tr>
<tr><td rowspan="2">選擇打「√」並填寫原證券帳戶號：</td><td colspan="3">□掛失補辦原號碼</td></tr>
<tr><td colspan="3">□掛失補辦新號碼</td></tr>
<tr><td>備註</td><td colspan="4"></td></tr>
</table>

<table>
<tr><td rowspan="2">代理機構審核欄</td><td colspan="2">審核資料：
法人：
□法人有效身分證明文件及複印件
□經辦人有效身分證明文件及複印件
□法定代表人證明書、法定代表人授權委託書（境內法人提供）
□法定代表人有效身分證明文件複印件（境內法人提供）
□託管證券營業部（或 B 股託管機構）出具的原證券帳戶凍結證明
□境外法人董事會、董事或主要股東授權委託書，能夠證明授權人有權授權的文件，以及授權人的有效身分證明文件複印件
□本表內容是否填寫全面、正確
自然人：
□有效身分證明文件及複印件或戶口本、戶口所在地公安機關出具的貼本人照片並壓蓋公安機關印章的身分證遺失證明及複印件
□託管證券營業部（或 B 股託管機構）出具的原證券帳戶凍結證明（補辦新號碼證券帳戶卡時提供）
□本表內容是否填寫全面、正確
處理意見：</td><td>序號：</td></tr>
<tr><td colspan="3">經辦人：　　　　　復核人：　　　　　代理機構蓋章：

負責人：　　　　　聯繫電話：

傳真：　　　　日期：</td></tr>
</table>

<table>
<tr><td rowspan="3">處理結果</td><td>掛失補辦滬市新號碼為：</td><td></td></tr>
<tr><td>掛失補辦深市新號碼為：</td><td></td></tr>
<tr><td colspan="2">經辦人：</td></tr>
</table>

說明：填寫內容必須真實、準確、完整，字跡要清楚、整潔。

注意事項：若證券帳戶持有人的證券帳戶卡已丟失，須在「註銷原因」欄註明「證券帳戶卡已遺失」字樣。

表1-6為「註銷證券帳戶申請表」。

表1-6　　　　　　　　　　註銷證券帳戶申請表

申請人填寫欄	帳戶持有人姓名/全稱			
	有效身分證明文件號碼			
	證券帳戶號			
	註銷原因：			
	經辦人簽名		聯繫電話及地址	

代理機構審核欄	審核資料：　　　　　　　　　　　序號： 法人： □證券帳戶卡 □法人有效身分證明文件及複印件 □經辦人有效身分證明文件及複印件 □法定代表人證明書、法定代表人授權委託書（境內法人提供） □法定代表人有效身分證明複印件（境內法人提供） □境外法人董事會、董事或主要股東授權委託書，能夠證明授權人有權授權的文件，以及授權人的有效身分證明文件複印件 □本表內容是否填寫全面、正確 自然人： □證券帳戶卡 □有效身分證明文件及複印件 □本表內容是否填寫全面、正確 處理意見： 經辦人：　　　　　　　　　代理機構蓋章： 復核人：　　　　　　　　　聯繫電話： 傳真：　　　　　　　　　　日期：

處理結果	簽　名：　　　　　　　　　　日期：

實訓項目 2

按班級人數分組，每組 2 名同學、分別扮演證券公司櫃員和到證券公司開戶的客戶，按照本節的掛失補辦證券帳戶的流程，進行掛失補辦證券帳戶的具體操作，每組成員都要將詳細的過程記錄下來，並予以總結。

表 1-7 為「掛失補辦證券帳戶卡申請表」。

表 1-7　　　　　　　　　　　掛失補辦證券帳戶卡申請表

申請人填寫	帳戶持有人姓名/全稱			
	有效身分證明文件類別			
	有效身分證明文件號碼		郵政編碼	
	聯繫地址		聯繫電話	
	經辦人簽名		有效身分證明文件號碼	
	選擇打「√」並填寫原證券帳戶號	□掛失補辦原號碼 □掛失補辦新號碼		
	備註			
代理機構審核欄	審核資料：　　　　　　　　　　　　　　　　　　序號： 法人： □法人有效身分證明文件及複印件 □經辦人有效身分證明文件及複印件 □法定代表人證明書、法定代表人授權委託書（境內法人提供） □法定代表人有效身分證明文件複印件（境內法人提供） □託管證券營業部（或 B 股託管機構）出具的原證券帳戶凍結證明 □境外法人董事會、董事或主要股東授權委託書，能夠證明授權人有權授權的文件，以及授權人的有效身分證明文件複印件 □本表內容是否填寫全面、正確 自然人： □有效身分證明文件及複印件或戶口本、戶口所在地公安機關出具的貼本人照片並壓蓋公安機關印章的身分證遺失證明及複印件 □託管證券營業部（或 B 股託管機構）出具的原證券帳戶凍結證明（補辦新號碼證券帳戶卡時提供） □本表內容是否填寫全面、正確 處理意見： 經辦人：張豪　　　復核人：王振　　　代理機構蓋章： 負責人：趙飛　　　聯繫電話： 傳真：　　　　日期：　　年　月　日			
處理結果	掛失補辦滬市新號碼為：			
	掛失補辦深市新號碼為：			
	經辦人：			

說明：填寫內容必須真實、準確、完整，字跡要清楚、整潔。

實訓過程：

實訓總結和心得體會：

第二章

證券投資客戶經理的職能與禮儀實訓篇

■ 本章簡介

　　證券投資客戶經理是連接證券公司與客戶的橋樑，證券投資客戶經理應該具備哪些基本職能與禮儀是必須學習的內容。

■ 學習目標

1. 要求學生理解證券投資客戶經理的基本職能。
2. 要求學生掌握必備的禮儀知識。
3. 要求學生掌握證券投資客戶經理基本的禮儀。

第一節　證券投資客戶經理的職責

一、證券投資客戶經理的工作內容

　　要做一名成功的證券投資客戶經理，就必須明確自己的工作職責。在明確其自身職責之前，有必要先瞭解其工作內容。下文介紹了客戶經理的主要工作內容，客戶經理的工作內容至少應包括以下兩部分。

　1. 客戶開發

　　雖然現在炒股的人越來越多，但畢竟與不炒股的人相比，炒股的人的比例還是很小，因此客戶經理必須努力地去開發客戶，具體步驟如表2-1所示。

表 2-1　　　　　　　　　　客戶開發步驟表

| 步驟一 | 客戶名單獲取 | 方法一：發傳單
方法二：購買 |

表2-1(續)

步驟二	客戶約見	方法一：電話 方法二：直郵 方法三：電話行銷（推薦使用）
步驟三	客戶促成	由前面兩個環節的鋪墊，第三個環節就容易做了，一般而言，只要客戶肯見面，就基本能成交 本步驟要求客戶經理對證券有一定的認識，至少在面對客戶的提問時，能進行專業的解釋

2. 客戶維護

客戶維護對客戶經理而言至關重要，維護客戶往往是為了培養客戶的忠誠度，而客戶是否忠誠，在很大程度上取決於他或她有沒有得到優良的關懷服務。目前，證券市場普遍都採用遠程交易的方式，很少與客戶直接接觸，所以需要通過以下兩個環節的工作來維護客戶，如表2-2所示。

表 2-2　　　　　　　　　　維護客戶關係的方法

方法	工作內容	特點
上門維護	上門取單、送單、提供諮詢維護、協助客戶進行資金安排，行銷自身金融產品	客戶經理經常採用上門維護的方式，與客戶維護關係中大部分時間是在客戶那裡
知識維護	普及金融知識、啟迪金融意識是金融企業培育客戶群、刺激金融需求的重要保證。客戶經理可以在幫助客戶治家理財的過程中，為客戶提供良好的知識和信息服務，提高自身的信譽，增強客戶對自己的信任	能提供知識維護的客戶經理才是證券投資業務的專家
情感維護	客戶經理在與客戶的溝通中，應設身處地為客戶著想，不僅要把產品行銷出去，還要注重與客戶的情感維繫，與客戶建立長期穩定的朋友關係	先與客戶做朋友，把真誠的情感、真摯的語言和美的享受注入維護客戶的全過程中。向客戶提供具有人情味的、超出其心理預期的服務
顧問式行銷維護	客戶經理在以專業行銷技巧進行產品行銷的同時，能運用綜合分析的能力，滿足客戶的不同投資需求，並能幫助客戶預見其未來的財務需求而提出針對性建議	面對客戶，客戶經理要發揮自身的顧問、諮詢等作用，謀求買賣雙方的長期信任與合作
交叉銷售維護	當客戶接受證券公司服務或產品時，客戶經理應當努力爭取為其提供盡可能多的服務	從客戶的需求出發，為其設計更多產品和服務

客戶經理主要有兩項工作內容：開發客戶與維護客戶，而這兩大工作內容在時間的安排上應該是動態的。客戶經理前期的主要工作可能要放在客戶的開發上，而隨著客戶的逐步增多，開發的工作量將逐步減少，取而代之的將是客戶維護。把客戶維護好了，還可以在老客戶身邊開發新客戶，所以一定要努力維護好自己的客戶，這將是客戶經理的事業可持續發展的重要基礎。客戶經理的主要職責見表2-3所示：

表 2-3　　　　　　　　證券投資客戶經理職責

職責	內容描述
定期與客戶進行溝通和聯絡	①時刻關注客戶的需求動態，做好售後服務工作和維護客戶關係。②定期拜訪客戶，根據客戶投資收益情況，定期對客戶價值做出判斷。③注重與客戶進行溝通和協調，彼此形成互相信任的關係，提升客戶對公司的滿意度和忠誠度
不斷地向客戶行銷和推介公司相關產品和服務	①根據客戶需求的變化，尋找客戶需求與證券產品和服務的結合點。②開發客戶的潛在需求。運用各種行銷手段與技巧，讓客戶從使用公司單一產品，向使用綜合產品發展，進而提升客戶關係的價值
負責收集客戶各種信息	①收集需求信息、財務信息等。②對收集到的信息進行分類整理，然後歸入客戶資料檔案。③將客戶財務等方面的信息傳遞到公司相關部門，以便公司全面整合客戶資源
主動尋找目標客戶、開發新客戶。	學會並能運用各種技巧擴大客戶資源。
負責客戶前期調查	①初步評價產品設計方案。②提出業務建議。③提交關於客戶的各種信息資料、客戶綜合服務方案和客戶價值評估報告等方面的文字材料。④與其他部門積極主動地進行關係協調。⑤在與客戶溝通中，要注意發揮行銷功能，積極宣傳公司文化與理念，為公司樹立整體的社會形象

實訓練習 1

目的：明確客戶經理的工作職責，掌握客戶開發和維護的方法和技巧。
規則與要求：客戶經理四人一組，設計一個老客戶維護方案。
場景：在實訓室模擬證券營業部客戶經理團隊工作室。
客戶身分：客戶已是證券公司的老客戶，做股票投資和基金投資多年。
評價：由教師根據小組設計的客戶開發與維護方案的完整性及實用性做評價。

實訓過程：

_____
_____
_____
_____
_____
_____
_____

實訓總結和心得體會：

第二節　證券投資客戶經理的素質

證券投資客戶經理的業務素質如何決定了其在推銷過程中能否遊刃有餘。要提高業務素質，要有以下準備工作。首先，要有精神上的準備；其次，在充分的精神準備基礎上瞭解行業本身的素質要求；最後，在基本素質的支撐下來確定工作目標，開始自己的事業之旅。

一、證券投資客戶經理的精神準備

在證券投資客戶經理的工作中，尋找客戶，向客戶介紹營業部的產品和服務，最終讓客戶購買諮詢產品、基金產品或開戶投資，構成了客戶經理工作的大部分內容。而對國家政策的變化能否準確把握，市場行情的變化能否及時處理，投資人的情緒變化能否從容應對，都讓客戶經理的工作充滿了艱辛和挑戰，因此，在具備推銷過程中必備技能的同時，客戶經理還必須有充分的精神準備。

二、證券投資客戶經理成功的精神要素

證券投資客戶經理成功的精神要素表現在以下方面，如表2-4所示：

表 2-4　　　　　　　　　　證券投資客戶經理成功的精神要素

內容	具體要求	
制定目標	短期（一天到幾個月） 中期（幾個月） 長期（一年以上）	寫出目標，讓自己行動起來 告訴別人，得到別人的幫助
保持積極的心態	建立自信	方法一，不斷地取得成功 方法二，不斷地想像成功 方法三，不斷地強化成功經歷
學會應對壓力	對於成功的渴望和現實中遇到的挫折會引起巨大的壓力 用尋找工作與生活中樂趣的方法調節情緒，排解壓力	
懷有夢想	夢想讓中小投資者都能按照理性的投資方法，獲取穩定的投資收益，不盲目、不悲觀、不落入各種各樣的投資陷阱	
保持自我激勵和獲取外在激勵	長期保持行動的激勵，不斷進取把外在的獎勵作為內在滿足的表現	
勇於表現自己	克服自卑感，大膽地在各種場合向投資者推薦產品，表現自己	
尋找競爭與合作的平衡點	與別人競爭，同時也與自己競爭。與同伴合作，與競爭者合作，謀求最大的成功	

三、積極的自我暗示

為了更加形象直觀，請看圖 2-1。

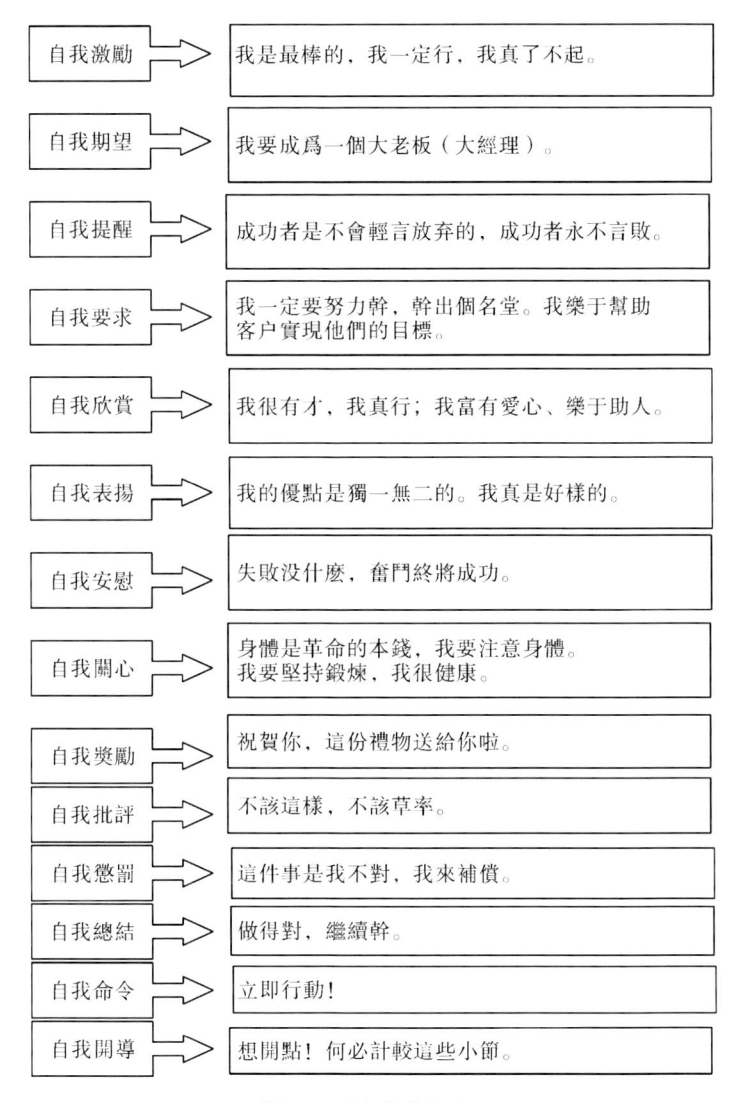

自我激勵	➡	我是最棒的，我一定行，我真了不起。
自我期望	➡	我要成為一個大老板（大經理）。
自我提醒	➡	成功者是不會輕言放棄的，成功者永不言敗。
自我要求	➡	我一定要努力幹，幹出個名堂。我樂于幫助客戶實現他們的目標。
自我欣賞	➡	我很有才，我真行；我富有愛心、樂于助人。
自我表揚	➡	我的優點是獨一無二的。我真是好樣的。
自我安慰	➡	失敗沒什麼，奮鬥終將成功。
自我關心	➡	身體是革命的本錢，我要注意身體。我要堅持鍛煉，我很健康。
自我獎勵	➡	祝賀你，這份禮物送給你啦。
自我批評	➡	不該這樣，不該草率。
自我懲罰	➡	這件事是我不對，我來補償。
自我總結	➡	做得對，繼續幹。
自我命令	➡	立即行動！
自我開導	➡	想開點！何必計較這些小節。

圖 2-1　積極的自我暗示

證券投資客戶經理的基本素質主要有四個方面，具體如表 2-5 所示。

表 2-5　　　　　　　　證券投資客戶經理的基本素質

品德素質	誠實：這是市場要求的關鍵 自我激勵：不單純是為了錢，而是享受快樂 從挫敗中恢復的能力：這是激烈競爭的需要 具備敬業精神，吃苦耐勞，有責任心、事業心、進取心和紀律 將社會責任感和使命感融入為客戶的竭誠服務之中 誠實守信，全面真實地介紹產品 工作積極主動，不消極，不抱怨 遵紀守法，自覺約束自己的行為，不從事違法行為，不做違規業務，自我約束力強等

表2-5(續)

文化素質	客戶經理要具備大專或大學本科以上學歷，或具有同等學力 具有全面的學習能力、知識更新能力 善於利用各種渠道學習和提高，能夠通過接受培訓、自學、向他人學習等方式不斷進取 具有學習和吸取先進經驗和做法的悟性 具有勤奮好學的精神，知識面較寬 具有客戶相關於行業的專業知識水準 具有金融從業人員的知識水準，或通過相關的資質認證考試，或具有豐富的銀行從業的經驗等
技能素質	熟悉所有產品，對證券產品具有操作和管理經驗 瞭解公司有關的業務規定，熟悉公司的發展戰略及策略 具有客戶至上的工作意識，對市場、客戶、新技術、新產品等方面的變換具有敏銳的洞察力 具有豐富的行銷經驗和行銷技巧，善於與客服溝通 具有創新思想，樂於並善於創新，在工作中靈活、敏感，能夠及時地調整低效率工作狀態 工作效率高，善於利用時間、管理時間，並具有穩健的工作作風 處事果斷，善於應變，願意接受和面對挑戰，並願意虛心學習，自我提高 具有較寬的知識面，對某些客戶的行業知識有專業化經驗，善於鑽研業務 具備獲取信息能力、直覺判斷能力和綜合分析能力，能夠在工作中識別客戶風險 尊重上級，服從安排，並能夠堅持工作管理
溝通素質	人際交往能力強，具有良好的協調與溝通能力，性格外向 注意衣著整潔，舉止穩重大方，具有較好的形象和氣質 具有較高的文化藝術修養，知識面廣，有豐富的人生經歷 具有較高的悟性，善解人意，靈活機敏，不死板 語言表達能力強，懂得語言的藝術，善用詼諧、幽默的語言調節會談的氣氛，會應用高明的、委婉的語言來面對客戶的拒絕，處理客戶的異議 善於借用外部資源，協調工作中的問題 具有豁達、寬容的處世態度，善於合作
心理素質	具有外向、開朗、大度、包容的性格魅力 對挫敗和挫折具有較強的心理承受能力 具有挑戰性格，不服輸，能吃苦耐勞，不斷進取 頭腦冷靜，不感情用事，善於靈活變通 具有積極的心態，並能影響和調整他人的情緒，具有克服困難的勇氣和智慧 具有利他主義的精神境界，善於為他人著想，不自私

實訓練習2

目的：通過其他人對自己的評頭論足，培養學生作為一位客戶經理接受打擊和受挫的能力。

規則與要求：要求學生穿職業裝參與此次活動訓練，每一位學生作為表演者分別站在講臺上，面對大家，由其他學生針對其表現提出批評和建議。在此過程中，表演者要保持微笑。

場景：在會議室或實訓室模擬證券營業部客戶經理團隊培訓。

評價：其他學生就表演者的表現發表感想，並加以討論。

實訓過程：

實訓總結和心得體會：

實訓練習 3

目的:通過自我激勵,提高學生作為客戶經理的自信心。

規則與要求:每位學生用 3 分鐘的時間到講臺上事先準備好的鏡子(可看到全身的鏡子)前,認真地尋找自己的優點(不少於 6 個),並要講清楚理由。

場景:在會議室或實訓室模擬證券營業部客戶經理團隊培訓。

評價:其他學生就表演者的表現發表感想,並加以討論。

實訓過程：

實訓總結和心得體會：

實訓練習 4

目的：通過自我激勵，提高學生作為客戶經理的自信心。

規則與要求：所有學生圍坐一圈，讓表演的學生在圈中盡自己最大的聲音，喊出諸如以下內容：「我叫×××，今年 21 歲，我是最棒的，因為我有超強的抗打擊能力、良好的溝通能力、非凡的表現力，正如我的名字一樣，我很自信，尤其值得一提的是，因為我的人格魅力，所到之處無不受到歡迎！我真的最棒！」

場景：在會議室或實訓室模擬證券營業部客戶經理團隊培訓。

評價：其他學生就表演者的表現發表感想，並加以討論。

實訓過程：

實訓總結和心得體會：

實訓練習 5

目的：訓練學生掌握證券投資行業所要求的能力。

規則與要求：由老師指定的提前準備的學生表演場景，看完表演後，其他同學分析該客戶經理存在的問題。之後以小組開展練習，每組 2 人，其中 1 人為客戶，要用不友好的面部表情、形體語言、態度等來表演。另一人為客戶經理，以友好、禮貌、有修養的態度表演，從正反兩個方面領會客戶經理需具備的職業能力。

場景：在實訓室模擬商業銀行、證券公司營業部，客戶與客戶經理初次見面。

客戶身分：初次見面的客戶。進入股票市場多年，近期股票被套。性格急躁，不善言辭。

評價：以學生設計對話的合理性和客戶經理處理衝突的方法和技巧，有效緩解客戶不滿的程度為標準，由學生互評，教師總結、做評價。

實訓過程：

實訓總結和心得體會：

第三節　證券投資客戶經理工作目標的確定

通過學習，有了相應的精神準備，而且也具備了應有的職業素質，接下來就要有個職業規劃了。一般而言，要從確定工作目標做起，之前還應瞭解有效目標的特徵，如圖2-2所示。

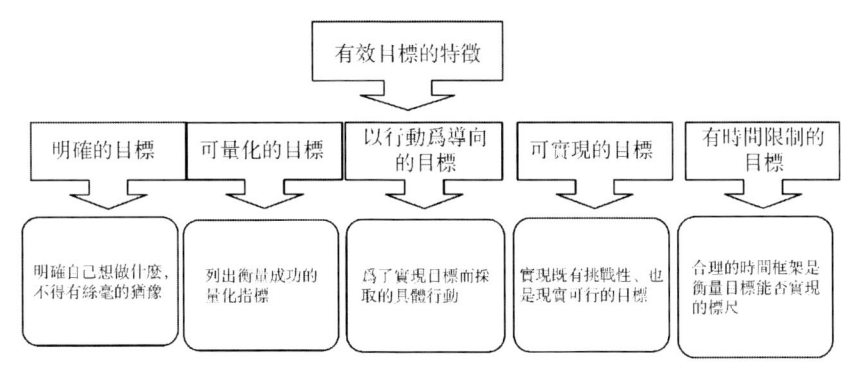

圖2-2　有效目標的特徵

實現目標的步驟如圖2-3所示。

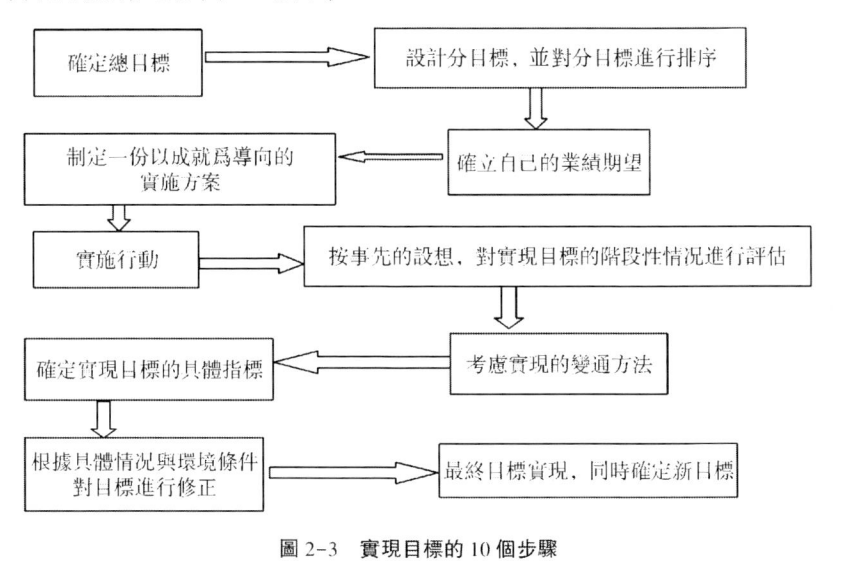

圖2-3　實現目標的10個步驟

實訓練習6

目的：學會制定工作目標。

規則與要求：以小組為單位，以書面形式制定團隊工作目標，根據不同情況，由各小組組長描述自己的工作目標，並說明理由。班上其他學生圍繞其工作目標進行提

問，指出優點和不足的地方。

　　場景：模擬證券公司客戶經理培訓會，以客戶經理團隊的合作為基礎。
　　評價：由教師根據各小組設計的工作目標的合理性與可行性進行評價。

　　實訓過程：

實訓總結和心得體會:

第四節　證券投資客戶經理的禮儀

一、證券投資客戶經理職業儀表要求

禮儀是人們在社會交往活動中應共同遵守的行為規範和準則。在證券交易中，除了應具備一些必備的專業技能外，還必須瞭解與客戶相處的規範，這些規範就是客戶經理的交際禮儀。學習禮儀首先要擺正位置，端正態度，這在交際中至關重要。良好得體的禮儀行為是客戶經理開展工作的前提，學習禮儀能夠幫助客戶經理順利地走進市場、走向社會。儀表在社會交往過程中是構成第一印象的主要因素，儀表會影響客戶對客戶經理專業能力和任職資格的判斷。注重儀表應該是全方位的：衣著、髮式、面部、飾物、手足甚至口氣都是客戶經理要注意的內容。

二、著職業裝的原則

通常，著職業裝要注意面料、色彩和款式三個方面的問題。面料一般以純毛、純麻、純棉、純絲和純皮為佳，但要注意的是，不能穿皮短裙上班；至於色彩，要注意「三色原則」，即全身的服飾搭配不能超出三種色調，而且最好還有一種是屬於無彩色系（黑、白或灰）；款式更有一個眾所周知的「TPO」原則，即以時間、地點、場合為轉移。

三、女性著裝與化妝要求

1. 著裝

（1）服裝。女士上班著裝以保守為宜。時髦和個性是允許的，但不是在工作的時間。女性要想建立起自己的專業形象，衣著保守、裝扮干練是很有幫助的。女士著裝以套裙為宜，短袖、長袖不拘，無袖露肩則不宜。裙子不宜過短，最好是恰至膝部或膝上部。女士著裝尤其避免走性感暴露路線，緊身服飾也應當避免。另外，長曳至地的拖沓衣裙也應避免。

（2）女性配件。如果你的腿不是很出色，不要穿著有花樣或顏色很深的襪子來吸引別人注意，淺淡風格的最好。絲襪一定要高於裙子下擺，無論站著還是坐著都不能露出大腿來。絲襪和鞋子的顏色一定要相稱，即要淺於鞋子的顏色。

（3）鞋子和手提包搭配。鞋子和手提包的顏色應該調和，黑色的手提包和鞋子是最好搭配的，可以省去一大堆其他的飾品。手提包應該擦亮，保持乾淨，勿破舊不堪。手提包不可以放在桌上。

（4）首飾。有時首飾會讓人質疑女性的專業特性，如太大、太吵、太耀眼的首飾就不適合佩戴，因為當你甩頭的時候，你的耳環可能會叮噹作響，這會完全影響他人的注意力。不應該同時佩戴太多的東西，通常全身飾物不宜超過 3 件。

2. 化妝

女性化妝的原則是要注意調和，不可以太誇張，也不可以太引人注意，要讓身邊的人不知道你化了妝。還要注意：不要在公眾場合化妝；應該去盥洗室補妝；不要在

男士面前化妝；不要輕易借用他人的化妝品；慎用濃香型的化妝品。

四、男士著裝要求

（1）服裝以西裝為主。男士上班應著裝正式，即著西裝，打領帶，穿皮鞋。夏天可以不穿西裝外套。但如有正式活動，一定要著西裝外套。穿著西裝還要注意與鞋襪的整體搭配。穿西裝應注意以下問題：去掉袖口的標籤；選用經典的兩粒扣的西裝為宜；在正式場合通常應當穿套裝，即同質、同色、款式相同的西裝。

（2）領帶長短適合。領帶被稱為西裝的「畫龍點睛之處」，領帶打好後的長度下端在皮帶下 1~1.5 厘米處。正式場合，穿雙排扣西裝上衣，扣子永遠應當扣著。穿 2 顆扣的單排扣西裝上衣，上邊那顆扣子應當扣上，下邊那顆扣永遠都是解開的；或上下 2 顆扣都解開。如是 3 顆扣的單排西裝上衣，扣中間一個扣。領帶的質地以真絲為最佳，領帶的圖案與色彩可各取所好。建議採用傳統型的領帶，比如條紋、格子。

（3）領帶夾的佩戴。在室外行走，可以不用領帶夾。但在正式場合，例如進餐，領帶夾還是要用的。領帶夾僅用於固定領帶，它的正確位置在 6 顆襯衫扣從下朝上數第 4 顆扣的地方。

（4）合適的襯衫。襯衫一定要注意合身，不要穿一件肩過寬或領口過緊的襯衫，這些都會影響您的「高大」形象。襯衫的領子應高於西裝衣領約 1.5 厘米，袖子應在西裝上衣袖口之外露出 1.5 厘米，這樣做主要是為了西裝的整潔。男士一定要記得每天更換襯衫，否則會給別人留下昨晚你夜不歸家的感覺。

（5）服飾。要使西裝顯得挺拔、合身，上衣哪裡除去襯衫和西裝背心外，不應再穿其他東西。若是太冷，可以穿一件羊毛衫，色彩宜素，圖案不要太搶眼。最好是雞心領套頭衫，既便於打領帶，又顯得協調。西裝上衣外面的口袋原則上不可以裝東西，鋼筆、錢包之類的東西最好放在上衣內側的口袋或是公文包裡。上衣外面左側胸袋僅能置放裝飾手帕。

（6）深色的襪子。穿深色西裝時，一定要記得穿深色的襪子。白色襪子適合於運動時，既瀟灑又引人注目。

五、工作場所儀態要求

微笑是人與人之間的潤滑劑，要讓別人感覺你平易近人，要記得微笑。你可能有這樣的經驗：當你心情鬱悶的時候，如果你努力微笑，漸漸地，你的心情會愉快起來，而別人會感受到你的愉快。微笑能賦予別人好感，增加友善和溝通，體現熱情、修養和魅力，幫助建立信任和尊重。微笑時不要露出牙齒，嘴角的兩端略微提起。

同樣地，如果你希望別人欽慕你的風範，渴望與你交往，你並非一定要身著名牌、談論時尚，只要在日常生活中，將「請」「謝謝」「對不起」掛在嘴邊，你就可以逐漸建立起「高大」的形象以及客戶經理的號召力。一般的禮貌用語如下：

請：請進、請坐、請稍候、請多關照。

好：您好、早上好、大家好。

謝謝：謝謝光臨、多謝合作。

對不起：非常抱歉、真不好意思。

勞駕：打擾了、麻煩您好嗎？

六、儀態要求

（1）站姿。俗話說「站如鬆」，正確的站姿是抬頭、目視前方；挺胸直腰、肩平；雙臂自然下垂收腹；雙腿兩腳分開，比肩略窄；將雙手合起，放在腹前或背後。千萬不要「一站三道拐」。良好的站姿給人以「玉樹臨風」的美好感覺。

站立等待的姿勢：

雙腳微分；雙手握於小腹前；視線可維持較水準略高的幅度；氣度安詳穩定；表現出自信。站立商談的姿勢；站著與客戶商談時，兩腳平行打開之間約 10 厘米；頭部前後擺動時，保持平衡；雙方的距離為兩個手臂長。

（2）坐姿。「坐如鐘」，入座時要輕，至少要坐滿椅子的 2/3，後背輕靠椅背，雙膝自然並攏（男性可略分開）。身體稍向前傾，則表示尊重和謙虛。如長時間端正坐，可雙腿交叉重疊，但要注意將上面的腿向回收，腳尖向下。女性入座前應先將裙擺向前收攏，兩腿並攏，雙腿同時向左或向右放，兩手疊放於左右腿上，給人一種「坐如芍藥」的美感。

坐椅子一般從椅子的左側入座；上身不要靠著椅背；雙手輕握於腿上或兩手分開放於膝上；雙腳的腳後跟靠攏，膝蓋可分開一個拳頭寬，平行放置；若是坐在較軟的沙發上，應坐在沙發的前端。當客戶進來時，站立起來；遵循客戶的指示入座；坐著商談的距離約為一個手臂長；避免自己的口氣吹到對方；通常與較熟客戶保持的距離是 70~80 厘米；與不熟悉的客戶的談話距離應保持在 100~120 厘米。

（3）行走。「行如風」，是微風，而不是狂風，也不是臺風。在辦公區域行走時，切忌奔跑，有急事可以小碎步或加大步伐。

（4）面部表情。當雙方對話時，視線落在對方的鼻間，偶爾可註視對方的雙目；當誠心誠意想要懇請對方時，兩眼可以註視對方的雙目；雙目一直望著對方的眼睛也會出現過於針鋒相對的情景，要注意當時的具體情景。

（5）蹲姿。如果你在拾取低處的物件時，應保持大方、端正的蹲姿。優雅蹲姿的基本要領是：一腳在前，一腳在後，兩腿向下蹲，前腳全著地，小腿基本垂直於地面；腳後跟提起，腳掌著地，臀部向下。

模擬情景 2-1

場景：證券公司營業部證券投資客戶經理團隊培訓。

學生角色：學生三人一組，其中一人為客戶，二人為客戶經理。

顧客身分：一位客戶（學生扮演）來到證券公司營業部或商業銀行的諮詢臺，詢問有關股票的事項。請客戶經理與這位客戶交談，注意上述交談禁忌。

情景內容：表現客戶經理在與客戶交流中應具備的基本禮儀。

情景設計：

客戶：（走進了交易場，向客戶經理走來）您好！

客戶經理：（西裝筆挺，彬彬有禮）您好！見到您好高興！您請坐！（注意座位的入座方法、商談的距離，以及視線的落點）

客戶：近來股票行情的走勢如何？

客戶經理：據我分析……（注意說話的語氣，尤其不要唾沫橫飛）

模擬情景 2-2

場景：證券公司營業部、商業銀行營業部。
學生角色：三人一組，其中一人為客戶，二人為客戶經理。
顧客身分：一位客戶（由學生扮演）來到證券交易市場，請客戶經理做介紹。
情景內容：客戶經理接待客戶禮儀。
情景設計：
客戶經理A：（向客戶經理介紹）這位是劉女士，是聯想集團市場部經理。
客戶經理B：您好！劉女士。
客戶經理A：這位是我的同事李強。
客戶經理B：這是我的名片。我叫李強。（雙手並攏，稍欠身遞出名片，起立，面帶笑容地走向前去，目視對方，和對方握手）見到您真的太高興了！
客戶經理A：（面帶微笑）我叫王勇，這是我的名片。
客戶經理A：我們今天談的主題是……
客戶經理A：劉女士，今天我們雙方交流了很多的信息，我們會盡快幫您解決您提出的問題。
客戶經理B：您還有什麼問題嗎？
客戶：沒有了，你們給我提供了很周全的服務，謝謝，再見。
客戶經理A：我們很樂意為您服務。歡迎您再來我們營業部。
客戶經理B：再見，歡迎您下次及時與我們溝通。

第五節　待人接物的常用禮節

一、禮賓次序

雖然人與人歸根到底是平等的，但「凡是有人群的地方，就有左中右」，敬尊護弱是人人應遵循的守則。禮賓次序的規則有多種，如以姓氏筆畫為序，以先來後到為序等，日常交往中常用的還有上級為尊、長者為尊、客人為尊、女士為尊等慣例。至於一位年長的男下級和一位年輕的女上司二者到底誰為尊，則要看在特定的場合到底是哪種關係占主導地位了。

二、介紹和稱呼

（1）介紹他人。介紹是社交禮節的重要環節，這是彼此不熟悉的人們開始交往的起點，通過介紹，新的朋友結識了。介紹通常是把男士介紹給女士，年輕者介紹給年長者，位卑者介紹給位尊者，主人介紹給客人，未婚者介紹給已婚者，這是因為位尊者有先瞭解情況的權利，也就是知情權。當然介紹前首先要瞭解被介紹的雙方是否有結識的願望。當被介紹者擁有許多身分時，只需介紹跟當下場合相關的身分即可。在介紹時，可以提供一些有利於他們更快認識的信息，比如兩位都是江西人，就可以把老鄉關係突出，以便他們能盡快找到共同話題。

（2）稱呼。一般稱男性為先生，稱女性為小姐、夫人及女士，即為稱呼國際慣例。按照中國的習俗，稱呼帶頭銜更合適。在不同的場合，總有一個客戶最樂於接受、他人也可能認為的最佳稱呼，如果客戶經理能善用這個稱呼，可能會事半功倍。

（3）自我介紹。在自我介紹時，一般要把自己的姓名、供職單位或部門、職務或職能範圍介紹清楚。

三、點頭禮和鞠躬禮

（1）點頭禮。微微地點頭，以對人表示禮貌。適用於比較隨便的場合，如在路上行走或是在公共場所與熟人相遇，無須駐足長談時，可行點頭禮。還可以隨之說些問候話。

與相識者在同一場合多次見面，只點頭致意即可。對只有一面之交的朋友或不相識者在社交場合均可點頭或微笑致意。

（2）鞠躬禮。我們都知道日本人是最喜歡鞠躬的，見面和分手都要鞠躬。另外我們經常在電視劇中看到這樣的鏡頭，古代的官員們在退朝時，也要面對君王行鞠躬禮。鞠躬也是表達敬意、尊重、感謝的常用禮節。鞠躬時應從心底發出對對方表示感謝、尊重的意念，從而體現於行動，給對方留下誠懇、真實的印象。

四、握手

（1）握手的要領。握手時要面帶真摯的笑容，迎上客戶的同時伸出自己的手，握手應保持站立姿，身體前趨，右臂向前伸出，與身體略呈五六十度的角度，手掌心微向左上，拇指前指，其餘四指自然並攏，註視客戶的眼睛。握手需要握實，搖動的幅度不要太大，時間以客戶鬆手的感覺為準。如果關係親密，場面隆重，雙方的手握住後應上下微搖幾下，以表現出熱情。

（2）握手的禁忌。

・貿然伸手。遇到上級、長者、貴賓、女士時，自己先伸出手是失禮的。

・目光遊移。握手時精神不集中，四處顧盼，心不在焉，是無禮的。

・長時間不放手。特別是男士握著女士的手時，如果長時間不放手，會讓女士很難為情。

・交叉握手。當他人正握手時，跑上去與正握手的人相握，是失禮的。

・敷衍了事。握著對方兩個手指頭握手，漫不經心地應酬對方。

・握手用力搖晃。

五、名片的使用方法

名片是重要的社交工具之一。交換名片時也應注意禮節。使用的名片主要包含兩個內容：一是標明你所在的單位；二是標明你的職務、姓名及承擔的責任。總之，名片是自己（或公司）的一種表現形式。因此，客戶經理在使用名片時要格外注意。

（1）名片的準備。

・名片一般都放在襯衫的左側口袋或西服的內側口袋，也可以放在隨行包的外側，避免放在褲子的口袋。出門前要注意檢查名片是否帶足，遞交名片時注意將手指並攏，大拇指夾著名片以向上弧線的方式遞送到對方胸前。拿取名片時要用雙手去拿，拿到

名片時輕輕念出對方的名字，以讓對方確認無誤。拿到名片後，仔細記下並放到名片夾的上端夾內。同時交換名片時，可以右手遞交名片，左手接拿對方名片。

· 名片不要和錢包、筆記本等放在一起，原則上應該使用名片夾。
· 名片可放在上衣口袋（但不可放在褲兜裡）
· 要保持名片或名片夾的清潔、平整。

（2）接受名片。

· 必須起身接受名片，應面帶微笑，使用雙手並稍稍欠身，以示尊重。
· 接受名片時要說「謝謝」並一定要看一遍，使對方感到你對他的名片感興趣。
· 應用雙手接收。
· 接收的名片不要在上面做標記或寫字。
· 接收的名片不可來回擺弄。
· 接收名片時，要認真地看一遍或念一遍，特別是碰到生字、難字，一定要向對方請教。
· 不要將對方的名片遺忘在座位上，或存放時不注意落在地上。
· 名片應妥善放好，不要在名片上寫東西，不要往名片上壓東西。

（3）遞名片。名片的次序是由下級或訪問方先遞名片，如是介紹時，應由先被介紹方先遞名片。

· 名片夾最好使用品質優良的名片夾，能落落大方地取出名片。
· 遞名片時，應說些「請多關照」「請多指教」之類的寒喧語。
· 互換名片時，應用右手拿著自己的名片，用左手接對方的名片後，用雙手托住。
· 互換名片時，也要看一遍對方職務、姓名等。
· 在會議室如遇到多數人相互交換名片時，可按對方座次排列名片。
· 會談中，應稱呼對方的職務、職稱。無職務、職稱時，稱小姐、先生等。
· 當其他人向你索要名片，若自己沒有準備或不願交換，可以這樣說「對不起，我的名片用完了」或「對不起，我忘帶了」。
· 出示名片時可以說：「這是我的名片，今後如果有問題，儘管打電話給我。」
· 如果你想向一位長期客戶出示名片，你可以說「你有我的名片嗎」或「我一直想給你一張名片」等。

六、其他

（1）引路。在為客人引導時，應走在客人的左前方兩至三步前，讓客人走在路中間。要與客人保持步伐一致，適當做些介紹。這樣做是遵循兩個原則：一是以右為尊，二是把安全留給客人（因為中國基本是車輛靠右行駛）。

在樓梯間引路時，讓客人走在右側，引路人走在左側，拐彎或有樓梯臺階的地方應使用手勢，提醒客人這邊請或注意樓梯：

（2）開門。向外開門時，先敲門，打開門後把住門把手，站在門旁，對客人說「請進」並施禮；進入房間後，用右手將門輕輕關上，請客人入座。向內開門時，敲門後，自己先進入房間，側身，把住門把手，對客戶說「請進」並施禮。輕輕關上門後，請客人入座。

預約客人來訪時，應提前做好接待的準備工作，提前幾分鐘在約定地點等候。客

人來到時應主動迎上去表示歡迎之情，初次見面的還應主動做自我介紹，並行領客人至接待處。安置好客人後，奉上茶水或飲料，再進入正式的會談。

臨時來訪的客人造訪時，也應以禮相待。若確實因工作太忙抽不開身時，應大方地向客人說明原因，表示歉意，主動地與客人另約時間，千萬不可吞吞吐吐或頻頻看表來顯示送客的心情。

（3）奉茶。客人就座後應快速上茶，上茶時要注意不要把有缺口和裂縫的茶碗拿出來使用，使用一次性杯具最好；太燙和太涼的茶水都起不到招待的作用，只會引起來客的不快，茶水合適的溫度為70度，濃淡適中。俗話說「茶滿七分，酒滿杯」，因此給客人倒茶時只要七分滿就行了。

同樣地，來客中應從身分高的開始沏茶，如不明對方身分，則應從上席者處開始沏，在客人處還未沏完時，不要給本公司的人沏茶。

（4）送客。送客時應主動為客人開門，待客人走出後，你再隨後出來。送客千里，終有一別，你可在適當的地點與客人握別，如電梯口、大門口、停車場或公共交通停車點等，一定要送客人到公司門口。若是遠道而來的貴賓，應送客至車站、機場、輪船碼頭。送客人要等客人消失在視線之外，才打道回府，否則會很失禮。

模擬情景 2-3

場景：證券公司營業部或是與客戶約見的其他地方。

學生角色：兩人一組，其中1人為客戶，另1人為客戶經理。

顧客身分：一位年齡為38歲的女士，來到證券交易市場，詢問有關股票行情的事項。請客戶經理兩人一組，在介紹後禮貌地遞上名片。

情景內容：客戶經理與客戶交換名片禮儀。

情景對話設計：

客戶經理：您好！見到您很高興！

客戶：您好！我想問一下，最近有哪些股市的行情好一些？

客戶經理：上海股市的要好一些，還有……

客戶：好的，非常感謝，我明白了。

客戶經理：不用客氣，這是我應該做的。（面帶微笑，雙手出示名片）對了，您有我的名片嗎？這是我的名片，今後如果有問題，儘管打電話給我。

客戶：謝謝，噢，您就在大同啊，雲岡石窟就在那裡，是嗎？

客戶經理：是的，有機會的話，歡迎您來大同。如果方便的話，是否可以給我一張您的名片？

客戶：對不起，我忘帶了。

客戶經理：沒關係。

客戶：不過，我會打電話和你聯繫的。

客戶經理：謝謝，接到您的電話我會很高興。

客戶：好了，我還有點事，今天就聊到這兒，再見！

客戶經理：您走好，再見！

七、贈送禮品的技巧

客戶經理在業務交往中，為了聯絡感情或表達謝意，往往要贈送一些禮品，具體的環節如表2-6所示。

表 2-6　　　　　　　　　　　贈送禮品的技巧

贈送禮品前應考慮的事項	公司或部門有關贈送禮品的政策或慣例以及對方的基本情況、送禮的客觀環境；談判中送禮品會被人誤解為行賄；附帶條件的送禮是不禮貌的，而且會帶來不良的效果；受禮人的喜好如品味、愛好、興趣、生日等；禮品的價值；禮品的類型，禮品的選擇要符合當地的風俗、習慣或對方的喜好；彼此的關係
	贈送禮品的理由
	贈送禮品的時機，可選擇個人事件如生日、提升等
	贈送禮品的場合，可選擇家庭場合、私人場合、公司場合、節日場合等
贈送禮品的方式	面送、托他人轉送、通過郵寄方式寄送
禮儀卡的贈送	禮儀卡的贈送應及時，否則就失去意義 受卡人的姓名、稱呼要正確 禮儀卡上的附言要本人書寫並簽名

模擬情景 2-4

場景：證券公司營業部。

學生角色：兩人一組，其中1人為客戶，另1人為客戶經理。

顧客身分：職業為商業服務行業職員，40歲的女士，對證券市場基礎知識瞭解甚多，而且是客戶經理的老客戶。

情景對話設計：

客戶：您好！

客戶經理：您好！見到您很高興，聽說您要升為主管了，是嗎？

客戶：是的，下周正式接任。

客戶經理：恭喜您！為了向您表示祝賀，我特意準備了一份小禮物送給您，希望您能喜歡。

客戶：你可真客氣，謝謝，這卡好漂亮啊。

客戶經理：您能喜歡我就很高興了。

客戶：跟你合作真是愉快，我們聊聊市場行情吧。

客戶經理：好的。您是股票投資的老行家了，現在的市場行情您怎麼看呢？

第六節　聆聽的禮儀

聆聽是與人交流溝通的渠道和橋樑，聆聽的禮儀規範對證券投資客戶經理而言是

十分重要的。

（1）頭腦清醒。傾聽要全神貫註。你只是在聽，不要想任何其他事情，也不要懷著企圖。不要一邊聽一邊想要回的話或是要問的問題，而是將心、腦騰出來裝客戶的說話內容，否則就聽不到隱藏在客戶聲音中的真實想法了。

（2）專注地聽。傾聽是要同時眼到、口到、心到，眼睛註視著對方，不斷地點頭來回應對方的話，心要擺在當下，不要有雜念進來，否則就沒禮貌了。保持目光接觸，仔細聽清對方所說的話，不要三心二意。

（3）心情放鬆。傾聽時只有認同與接納對方的意見，要讓對方說得夠、說得爽，不加入自己的意見（除非客戶真的想聽你的意見），因為你是來跟他談投資的事情，不是來談政治，也不是來談孩子的教育問題，更不是來幫客戶算命的，你真正要表達的只是你建議他買你的產品或服務而已，不是嗎？

（4）不插話、不搶話。如果客戶經理跟客戶搶話說，客戶也會搶話說。不讓客戶把話說完，他是絕不可能靜下心來聽客戶經理談投資的。

（5）察言觀色。客戶經理在聆聽的同時，還要注意觀察。例如，談話時的表情，興奮或是沮喪；身體的姿勢，緊張還是放鬆，傳遞語言以外的其他信息。客戶經理若將表述者的言與行結合在一起做分析，將有助於理解其真實想法，進而贏得交易的機會，取得成功。

第三章

證券投資客戶管理實訓篇

■本章簡介

證券投資客戶管理是以客戶為中心，以客戶關懷理念為經營基點的管理機制。客戶管理的關鍵是提高客戶的滿意度和忠誠度，也就是瞭解客戶需求，準確定位價值客戶，適時地為客戶提供最優產品和完善的個性化服務，努力改善與客戶之間的關係。

■學習目標

1. 掌握證券投資客戶管理的流程。
2. 掌握證券客戶分類管理的方法。
3. 掌握客戶服務管理的流程。
4. 培養證券投資客戶經理的客戶價值分析能力、分類管理能力。

第一節　證券投資客戶管理流程

一、證券投資客戶管理的目標

證券投資客戶管理是以客戶為中心，以客戶關懷理念為經營基點的管理機制。客戶管理的關鍵是提高客戶的滿意度和忠誠度，也就是瞭解客戶需求，準確定位價值客戶，適時地為客戶提供最優產品和完善的個性化服務，努力改善與客戶之間的關係。

瞭解客戶管理的目標及實現的途徑，對經紀人而言至關重要。其具體內容如表3-1所示。

表 3-1　　　　　　　　　　　　客戶管理的目標及實現途徑

目標	實現途徑
降低公司經營成本，提高工作效率	整合、管理公司內外部資源，加速公司對客戶的回應速度
吸引更多的客戶	選擇目標客戶，進行客戶分級管理
有效處理客戶關係	深入挖掘客戶需求，及時瞭解客戶狀況
主動提供客戶關懷和「一對一」精細化、個性化服務	改善客戶服務
為公司的決策提供科學的支持，推動經紀業務和客戶價值實現雙贏	規範公司管理，提供即時行情

二、證券投資客戶管理流程

圍繞客戶這個核心，在客戶管理中，經過識別和區分客戶、分析客戶差異、接觸與開發客戶、定制個性化服務的過程，形成工作閉環。從「有意識」逐步過渡到「無意識」，達到熟能生巧的境界。客戶管理流程提供了客戶管理實施過程中的關鍵要素及操作要點。

（一）識別客戶

識別客戶就是在廣泛的客戶群體中，通過各種客戶互動途徑，來收集詳盡的數據資料，進而識別客戶的行為特徵。那麼，如何才能識別客戶呢？

（1）從瞭解客戶信息的基本類型做起。具體如表 3-2 所示：

表 3-2　　　　　　　　　　　　客戶信息類型表

信息基本類型	描述類信息	行為類信息	關聯類信息
信息特徵	理解客戶基本屬性	數據往往是動態的	與客戶行為相關
	往往是靜態數據	反應客戶的投資選擇或是決策過程	反應和影響客戶行為以及心理等因素
信息來源	客戶登記的信息	內部交易系統的交易記錄	專門的數據調研和採集獲得
	專業會議	呼叫中心的客戶服務和客戶接觸記錄	
	調研	行銷活動中採集到的客戶回應數據	應用複雜的客戶關聯分析所產生
	營運管理系統收集到的客戶基本信息	經紀人與客戶接觸時收集到的數據	
信息優點	信息內容比較容易採集到	能幫助經紀人在客戶分析中掌握和理解客戶的行為	對高端客戶來說，可以有效反應客戶的行為傾向 可幫助經紀人深入理解影響客戶行為的相關因素
信息缺點	缺乏差異性	原始信息數據量非常龐大	數據較難採集和獲得
	涉及客戶隱私	客戶分析複雜、繁瑣	不容易結構化後導入到業務應用系統和客戶分析系統

表3-2(續)

信息基本類型	描述類信息	行為類信息	關聯類信息
信息質量評價	考察數據採集的準確性	考察信息的完備性	考察信息的應用性

（2）對客戶資源進行整合。具體如表3-3所示。

表3-3　　　　　　　　　　客戶資源整合與分析

操作規則	具體內容	
審視現有數據，確立客戶資料的正確性及可信度標準	確定一系列能夠準確反應客戶資料的客觀指標，作為客戶資料取捨的依據篩選及證實客戶資料，刪除不準確或無效的資料；歸並、整理、集中各系統客戶，形成基於統一客戶數據的全信息視圖，保證數據動態更新，支持不同時期的分析需求	
分析客戶信息	客戶群分析	根據特定條件來查詢各個細分的客戶群落，找到各個可能的分類和「二八法則」的表現；知道真正為自己帶來利潤的客戶是誰；決定對客戶群進行的相應行銷過程
	客戶交易風險分析	分析客戶基本信息、帳戶情況、持倉比例、資產；客戶個性信息分析結構和持股品種；根據客戶的即時情況得到客戶的真實個性信息
	客戶交易風險分析	根據客戶現有信息，有效防止客戶的交易風險；根據風險情況，幫助客戶擺脫和規避風險
	客戶交易習慣、行為和需求分析	從客戶過去的交易信息挖掘客戶的交易習慣；從客戶過去的交易信息總結風險偏好；從客戶過去的交易信息瞭解交易行為特徵；從客戶過去的交易信息分析客戶需要和未來發展
	客戶價值分析	客戶收益分析；客戶類型分析；客戶風險分析；客戶對券商的價值分析；根據客戶的交易行為來即時地判斷客戶將為營業部帶來的收入和價值，比如佣金收入、息差收入等
	客戶流失預警分析	機構客戶一般都是從另外的券商手中搶過來的，營業部都在防止自己手中有價值的客戶流失；根據自己設定的客戶流失模型來預警客戶是否要流失看見的流失跡象一：突然抽走資金 看見的流失跡象二：長時間沒有交易 看見的流失跡象三：大量資金被套
	服務效果分析	根據訪談結果和客戶滿意度的調查，記錄和分析整體的服務效果
	股票品種綜合分析	分析本券商或者營業部的持股情況，總結特定客戶群中持有股票的情況採取相應措施

表3-3(續)

操作規則	具體內容	
分析客戶信息	客戶群諮詢效果分析	分析客戶群現有持有股票的情況 分析客戶群歷史持有股票的情況 分析已經做了的諮詢情況 判斷投資諮詢師的諮詢效果 根據分析採取下一步行動
	客戶諮詢效果分析	判斷特定的客戶現有的資產結構和持倉機構,分析歷史情況和對他的個性化諮詢結果 判斷客戶有沒有採納諮詢師的建議
	經營狀況分析	分析所有客戶為券商或營業部的貢獻情況,為公司領導提供整體經營狀況分析結果
	贏利中心分析	分析出各個特定市場的受益情況,弄清楚哪個或哪些特定客戶是營業部的贏利中心
	虧損中心分析	分析營業部所提供的服務情況,判斷哪些服務是投入最大而贏利最小的虧損中心
	其他分析	採用數據挖掘和分析手段,分析券商決策者所關心的數據結果和決策支持

(3) 不同類型客戶行為特徵。通過對客戶信息的整合與分析,掌握客戶的行為特徵,並根據客戶行為特徵,對不同目標客戶設計不同產品和服務組合,制定不同的行銷策略。具體如表3-4至表3-7所示。

表 3-4　　　　　　　　分析型客戶行為特徵及策略表

	客戶特點		客戶經理瞭解及應對方法和策略	
分析型投資者:注重過程	身體語言	穿著傳統保守	瞭解客戶希望	較大的投資收益
		講話聲音低,說話留有餘地		
		行動慢,決策謹慎		
		眼神接觸遊移不定,手勢不多		被尊重和重視的滿足感
		喜歡個人獨享的空間		
	個性特徵	有邏輯、理性、嚴謹、周密、較敏感,目標明確	經紀人的行為舉止及相應策略	身著黑色或傳統服裝,放慢講話速度
				陳述有條理,有邏輯,合乎規範;提供直接數據和證明
				把問題正反兩面都陳述清楚,強調正確、具體細緻的細節
				不要催促客戶做出決定
				不過分熱心,不要盛氣凌人
		喜歡問關於具體細節的問題,決策時非常依賴數據收集,看重歷史	瞭解客戶需要	穩健的收益
				標準的服務
				可靠的交易方式
				不改變自己已經決定的東西
		工作速度慢,喜歡單干	瞭解客戶弱點	優柔寡斷,謹小慎微,經紀人不要急於讓其做出判斷
		喜歡規則和結構		行為拘謹,過分嚴肅
		反覆比較,追求完美,善於批判性的思考		不能忍受被人批評

表 3-5　　　　　　　　　　主觀型投資者行為特徵及策略表

客戶特點			客戶經理瞭解客戶及應對方法和策略	
主觀型投資者：注重結果	身體語言	握手堅強有力，顯示出控制力	瞭解客戶希望	很大的投資收益
^	^	講話快，聲音高	^	得到尊重的自我滿足感
^	個性特徵	好勝心強，富有競爭性；渴望變化，願意接受挑戰	經紀人的行為舉止及相應策略	事先充分準備，介紹言簡意賅，注重效率
^	^	^	^	提供兩到三種方案，有客戶選擇
^	^	^	^	要讓客戶知道可能產生的結果
^	^	根據事實來做決定，精明，冷峻和獨立	^	給對方一個明確的時間
^	^	務實，果斷，自信	^	做事要有專業水準，經驗老到
^	^	不能容忍錯誤	^	回答客戶問題直截了當，自信果斷
^	^	說話開門見山	瞭解客戶需要	尊重他
^	^	^	^	為他節省時間和精力
^	^	^	^	認同他的社會地位
^	^	不考慮別人的感受或建議	瞭解客戶弱點	莽撞行事，不計後果
^	^	^	^	缺乏耐心
^	^	直接告訴別人做什麼	^	對他人缺乏信任

表 3-6　　　　　　　　　　情感型投資者行為特徵及策略表

客戶特點			客戶經理瞭解客戶及應對方法和策略	
情感型投資者：注重對象	身體語言	穿著時尚、有風度	瞭解客戶希望	較大的投資收益
^	^	^	^	獲得成功
^	^	^	經紀人的行為舉止及相應策略	身著時尚衣著，講話有力，表情要豐富
^	^	講話快，聲音大，表情豐富，表現力強	^	提供的建議要合情合理，有成效
^	^	急躁，時間觀念差	^	加快工作節奏
^	^	目光接觸沉著穩定，思想活躍	^	提出事實依據
^	^	忙亂、熱情、友好	^	支持他的結論或提出一套完整的看法，使他另做選擇
^	個性特徵	情緒自控性強	瞭解客戶需要	關注結果是什麼
^	^	^	^	服務的標準
^	^	高度自信	^	交易方式的可靠性
^	^	^	^	獲取收益的多少
^	^	既願意展示自己，又能控制支配別人	瞭解客戶弱點	急躁、衝動
^	^	注重關係和諧	^	時間觀念差
^	^	看大局	^	^

表 3-7　　　　　　　　　隨和型投資者行為特徵及策略表

客戶特點			客戶經理瞭解客戶及應對方法和策略	
隨和型投資者：注重關係	身體語言	講話速度慢，聲音低，行動緩慢、拘謹	瞭解客戶希望	建立穩固的關係
				關係和諧、愉快，其投資能獲得較大的收益
		低自信度	經紀人的行為舉止及相應策略	從建立關係入手
				有耐心、花時間，聽對方講他的感覺和別的事情
				積極地傾聽
		善於傾聽		在舒適的環境中進行
				回答客戶問題直截了當，自信果斷
	個性特徵	緒自控性差、決斷力差	瞭解客戶需要	關注關係
				注重友誼
				重視彼此關係的協調
		不願意展示自己	瞭解客戶弱點	屈服、默許
				害怕拒絕和他人的批評

實訓練習 1

目的：讓證券投資經紀人明確客戶管理的目標，並掌握實現目標的途徑。

規則與要求：

（1）學生以客戶經理的身分，寫一份自己對客戶進行管理的目標計劃書。

（2）要求寫出實現目標的具體實施方案。

（3）抽取幾名同學以演講的形式在教室發言，闡明自己目標確立的依據和實現目標所採用方法的可行性。

（4）其他同學做記錄，對發言同學進行提問。

場景：在實訓室模擬證券公司營業部。

客戶身分：由學生自行假設。

評價：根據各小組設計的客戶管理目標與策略的可行性，由教師做出指導性的評價。

實訓過程：

_____

_____

_____

_____

_____

實訓總結和心得體會:

實訓練習 2

目的：通過專業記憶訓練，學會記住客戶、客戶資料。

規則與要求：學生分成四個小組，給每個組提供 10 至 20 張名片用以記憶。每個人用 2 分鐘的時間盡可能記住客戶的姓名、職務、工作單位等基本信息，然後討論如何在較短時間內記憶客戶資料。

評價：由教師對學生記住的名片數量及其中基本信息的準確性進行評價。

實訓過程：

實訓總結和心得體會：

(二) 分析客戶差異

開發客戶之前，客戶經理要先對客戶的差異進行瞭解，而不是「一視同仁」地無差別對待。因為無論老客戶還是新客戶，大客戶還是小客戶，他們對經紀人的服務要求往往不同，帶來的利潤也不一樣，那麼就有必要對客戶的需求模式和贏利價值進行分析，掌握其優劣勢的基本信息，然後進行有針對性的開發，以優質服務擴大優勢，縮小劣勢，把產業做大、做好。客戶證券投資差異的分析如表3-8所示。

表 3-8　　　　　　　　　　客戶證券投資差異分析表

差異類型	差異表現	說明
資源差異	客戶的流動資產率不同	客戶買單的現金實力往往不同，要認真分析
	客戶的淨利潤率不同	這個可以衡量整個公司的收益狀況
	客戶的資產回報率不同	比較客戶的投資與收益，病用來評估客戶公司的管理水準
	回款週期不同	可衡量出客戶公司內部的現金是用來償還貸款還是作為流動資金來使用
	存貨週期不同	可以衡量出客戶的銷售能力活實際使用量，還可以看出其現金流動的速度

表3-8(續)

差異類型	差異表現	說明
收益率差異	購買數量不同	購買數量對收益率有較大的影響，要重視
選擇障礙差異	對股票知識瞭解的差異	一個人是否會入市往往取決於其對股票瞭解得多少
	對股市的敏感度	影響客戶贏利率，進而影響到經紀人的服務方式等
	過往的經驗	經驗對客戶行為的影響重大，要重視
議價能力差異	個人購買者	相對好把握，但要注意具體問題具體分析
	集團購買者	要花點心思，但關係重大，要把握好

（三）接觸客戶

經紀人需要和客戶保持良好的接觸，以瞭解客戶不斷變化的需求。通過接觸客戶，除了可以瞭解客戶過去的交易行為之外，還能夠預測客戶未來的投資行為，這將為分析其潛在需求提供依據，從而更好地面對競爭，所以經紀人要長期保持與客戶的聯繫，經常與客戶交流，徵求客戶的意見。

（1）找準並優化客戶接觸點。就證券業務來說，通常有以下幾個接觸點，如圖3-1所示。

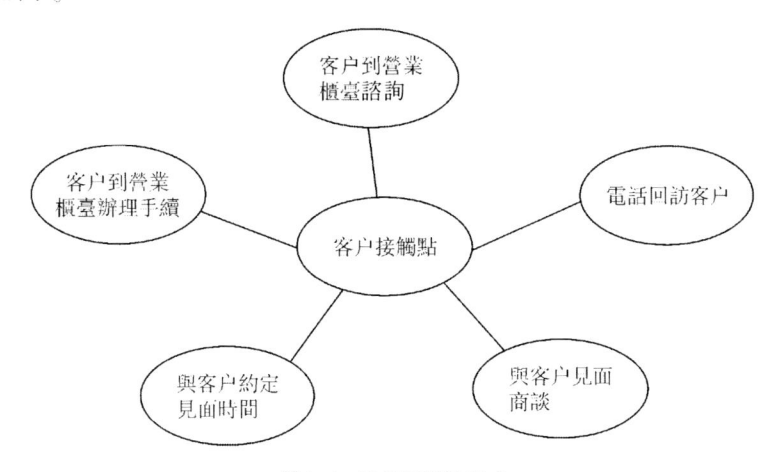

圖3-1　客戶接觸點構成

（2）接觸客戶。初步接觸；瞭解客戶，挖掘明確需求；證明能力，解決異議；總結利益，得到承諾。

（四）瞭解客戶，挖掘明確需求

幾乎所有的交易都是通過提問的方式來瞭解客戶的，在所有經驗技巧中，瞭解客戶並能挖掘明確需求的提問技巧在與客戶的會談中是至關重要的，具體如表3-9所示。

表3-9　瞭解客戶並挖掘明確需求的提問技巧及其目的表

提問技巧	目的
問背景問題	找出客戶現狀的事實，你可以事先做好準備工作，去除不必要的問題

表3-9(續)

提問技巧	目的
問難點問題	找出客戶現在所面臨的困難和不滿，此時要以解決客戶難題為導向，而不是以服務做導向
問暗示問題	找出客戶現在所面臨的困難和不滿，注意問這樣的問題之前，請先策劃好，否則會讓客戶覺得生硬
問利益問題	讓客戶深刻地認識到並說出我們提供的服務能幫他或她做點什麼。這些提問對客戶要有幫助，提議要有建設性，並一定要讓客戶親口告訴你，他或她需要提供什麼程度服務

（五）個性化服務與方法

證券投資經紀人需要針對不同客戶設計不同的服務模式，適應客戶的需求，真正實現「一對一」的最佳服務，將贏利客戶發展為忠實客戶，構成自己事業持續發展的基礎。一般而言，經紀人提供的常見個性化服務有如下幾點：

（1）一般服務。發送 E-mail、傳真、溫馨提示、新股中簽、繳款等信息；場內標準提供各種諮詢、廣播股評、股評資料；場內交易軟件和諮詢軟件的使用培訓。

（2）會員服務（市值在××萬元以上）。

（3）投資諮詢服務。
·免費提供當日重要金融、財經新聞；
·傳遞每週大勢研究、熱點板塊及個股推薦有關信息；
·通知涉及客戶持有股票的重要公告信息；
·免費提供行業、個股深度分析報告；
·免費提供股民培訓、電腦常識培訓等技術培訓；
·享受證券公司電話集團用戶待遇。

（4）業務服務代辦新股認購及中簽通知。
·通知並代辦配股、分紅；
·客戶支票存取款存根的遞送；
·每月電郵或傳真對帳單，新業務介紹；
·每月至少兩次投資者培訓、股市沙龍、投資操指導與交流；
·月度帳戶情況及簡要分析報告，並提出中期投資組合及操作建議；
·專人負責網上交易設備和交易軟件維護與使用指導，上門為會員解決問題；
·接受會員客戶委託辦理的合理事務。

（六）建立客戶信息數據庫

建立客戶信息數據庫的目的是便於客戶經理對客戶的管理。客戶信息數據庫是客戶信息系統的基礎，具體如表 3-10 所示。

表 3-10　　　　　　　　　　客戶信息數據庫的內容

客戶信息數據庫的項目	所含基本內容
基礎資料	客戶最原始的基本情況資料

表3-10(續)

客戶信息數據庫的項目	所含基本內容
客戶特徵 業務狀況	服務區域 發展潛力 客戶所在單位經營管理者及業務人員素質 客戶與其他競爭者的關係 客戶與企業業務關係及合作態度
交易現狀	存在問題 聲譽 信用狀況

（七）填寫客戶卡

客戶基本信息卡如表3-11所示。

表3-11　　　　　　　　　客戶基本信息卡

服務人		日期	
姓名		籍貫	
生日		性別	
辦公電話		客戶 基本情況	
手機			
宅電			
傳真		客戶 地址	
客戶投遞信箱地址		郵編	
E-mail地址			
備註		時間	
客戶反饋 信息記錄			
客戶經理 對客戶評語			

實訓練習3

目的：掌握個性化服務的方法。

規則與要求：

（1）要求學生以小組為單位，事先準備好每週大勢研究、熱點板塊及個股推薦的有關信息、最新金融要聞，涉及客戶持有股票的重要公告信息。

（2）在10分鐘的時間內盡可能多地記住與證券投資相關的新聞，然後向同組的同學復述。

（3）最後模擬客戶經理向幾名客戶提供相關信息諮詢方面的服務，及特別提示涉及客戶持有股票的重要公告。

客戶身分：在本證券營業部做投資5年以上，資金量大，交易頻繁，屬於證券公

司的忠誠客戶。

評價：由教師根據每組學生記住的信息的數量、重點以及與客戶溝通信息的表現進行評價。

實訓過程：

實訓總結和心得體會：

第二節　證券投資客戶分類管理

一、潛在客戶管理

（一）尋找潛在客戶的途徑

經紀人在正式尋找客戶前，可以借助表3-12中所列的途徑做準備工作。

表3-12　　　　　　　　　　　尋找客戶的途徑

途徑	描述		
到當地行業協會	基本上每個行業都有自己的行業協會，雖然行業協會往往是民間組織，但恐怕沒有人能比行業協會更瞭解行業內的情況了，證券業也不例外。 如果你的潛在客戶恰好是某個協會的成員，能得到協會的幫助是你直接接觸到潛在客戶的有效方法		
到專業信息公司	一些專業信息公司能提供詳細的信息，且信息每天更新，這可以為經紀人節約大量時間 這裡的問題是要向信息公司付一些費用，但記住：時間就是金錢，就總體成本而言還是合算的		
在網上搜索	現代社會已越來越離不開網絡，它的普及使得我們在網上搜索潛在客戶變得十分方便 只要熟悉常見的搜索引擎，動手輸入幾個關鍵詞，你就有可能獲得客戶名單、聯繫方法，甚至更多的詳細、有用的信息		
到大型專業市場	比如股票交易市場，你往往不僅能見到當地幾乎所有同行，而且還能實地觀察他們的實際狀況，做到「知己知彼」		
請現有客戶推薦	也許同行有時候真的是「冤家」，若同是經紀人未必會告訴你實話 客戶當中往往有在行業內跌爬滾打了若干年的人了，哪個地區誰是龍頭老大，他們可是比誰都要清楚 通常情況下，相互沒有競爭的不同區域的客戶給你的信息可能極有價值，如果你有這樣一個習慣：每次拜訪客戶後不管成功與否都順便問一句「能否給我推薦一個客戶」，相信對你會大有好處		
爭取競爭對手的客戶	有些時候，生活就是這樣：你想要找的客戶不知在何方，競爭對手的客戶卻天天在你面前晃 可惜的是，好多經紀人認為競爭對手的客戶不是其潛在客戶，原因是他們認為客戶與原來經紀人長期建立起來的關係壁壘是堅不可摧的 明確事實並非這樣，只要你努力，或許在某一天他就轉而成了你的客戶	應對策略：分析你與競爭手的優勢與劣勢
^	^	明智的做法是：馬上瞭解該客戶的需求特點
^	^	可用方法：將你的優勢與客戶的需求相聯繫，機會往往就在這裡找到
政府機構相關部門	如果你的潛在客戶需要獲得政府機構有關方面資格認證，那他或她的信息往往就可以在公開的政府網站上獲得		

（二）潛在客戶的類型分析

經紀人在瞭解了需要做的準備工作以後，就要明確潛在客戶的類型了，這會有助於潛在客戶的尋找，尤其有利於辨析與潛在客戶接觸時應採用什麼樣的方法，進而擴大業

務，這一點很關鍵。事實上，與潛在客戶面對面交談的過程，是一種戰術與戰略的發揮機會。在談話過程中，經紀人要善於察言觀色，善於分析研究，從中捕捉客戶的心理變化，迅速為客戶做一次類型分析，從而選出較合適的對策。具體如表 3-13 所示。

表 3-13　　　　　　　　　　　潛在客戶類型與對策

客戶類型	表現	對策
小心謹慎型	對別人的話多疑問	爭取把話題岔開 不要與對方形成對立 等客戶再也想不出問題可以發問時，即表示成交的時機到了
	購買欲多波動，將你與其他經紀人對比	要瞭解對方的心理 注意傾聽，表現出尊重的樣子 努力使他主動做出成交的決定
自命不凡型	以自我為中心	用幽默感，多讚美的方法，迎合其自尊心
	行事果斷	交談中，語調要冷靜沉著
	凡事表現出很懂的樣子，用不以為然的神情對待你	經常性地提出一些小問題 讓客戶發表個人看法 使其覺得自己立場主動 再找時機慢慢把話題引到你的主題上來
八面玲瓏型	愛交朋友	盡早提及你的意圖，觀察對方是否有誠意
	性格開朗，能說會道	在解說自己的基本情況時，動作可以適當地大些 手勢也可以多一點，使對方很有興趣聽你講 當他覺得你提供的服務對其有幫助時，就有可能從此成為你的客戶
深藏不露型	相對冷淡淡，似乎不愛說話	向其展示股票的優點，努力使其領會要義
	不輕易顯露其想法	使他對股票業務產生興趣，進而成為你的客戶
理智好辯型	喜歡跟人唱反調	你的態度要相當謙遜友好
	喜歡談理論	在談話中，你不必多講，但必須準確針對他的需求
	情緒感染的效果較差	先承認對方說的有道理，並多傾聽，以博取好感 對方在你面前自覺有優越感，又瞭解你提供服務的好處時，通常也會接受你，進而成為你的新客戶
來去匆匆型	愛說忙	誇讚他是個活得充實的人，直接告訴他你所提供服務的好處
	交談時間非常有限	針對他的需求解說即可，抓住重點不必拐彎抹角 鼓動他用你做經紀人，只要他信任你，這類型客戶辦事效率高，會很快同意
脾氣暴躁型	耐心特別差，尤其對自己不滿意的事	保持輕鬆愉快的心情。
	喜歡侮辱或教訓別人，常常毫無道理地暴跳如雷	不宜與其爭執與反駁，而應用自己的真誠與寬容化解客戶的不愉悅
猶豫不決型	興趣時高時低	要從多方面做思想工作，打消他的種種顧慮

實訓練習 4

目的：學會從不同的人群中判斷潛在客戶類型，並針對其特徵，找出與之打交道的方法。

規則與要求：要求學生以小組為單位，利用事先準備好的明星照片來觀察。小組通過討論（10分鐘），根據照片中明星的外表來描述對這些明星的印象，提出如何向其行銷證券產品和服務的對策。結合客戶分類及對策設計出對某一類客戶行銷證券產品和服務的對策方案。

學生角色：客戶經理。

評價：由教師根據對客戶實際情況分類的相對準確性及行銷對策的可行性來做出評價。

實訓過程：

實訓總結和心得體會：

（三）尋找潛在客戶的方法

尋找潛在客戶的方法眾多，下面介紹一些常用方法如表 3-14 所示。

表 3-14　　　　　　　　　　　尋找潛在客戶的方法

方法	內容	特點	關鍵點
地毯式搜索法	又稱逐戶訪問法、上門推銷法，是指經紀人在事先約定的範圍內挨家挨戶訪問的方法	訪問範圍廣，涉及顧客多、可借機進行市場調查，瞭解潛在客戶需求盲目性大，耗費大量的人力和時間	不放過任何一個潛在的客戶，對客戶經理素質要求較高
廣告搜索法	利用各種廣告媒體尋找客戶的方法	傳播速度快，範圍廣目標對象的選擇不易掌握，廣告費用高，無法掌握客戶的具體反應	選擇適合證券行業客戶的媒介，注重廣告的製作效果
擴張關係鏈法	指通過老客戶的介紹來尋找其他客戶的方法	信息準確有效，能夠增強說服力 事先難以制定客戶完整的訪問計劃 客戶經理往往處於被動的地位	尤其適合證券這種服務性的行業。客戶經理要善於利用各種關係，必須取信於現有的客戶，給現有的客戶一定利益，拜訪新客戶時提前搞清其情況
會議尋找法	指利用參加各種會議的機會，和其他與會者建立聯繫，並從中尋找潛在客戶的方法	節約成本，參會者基本上是合格的潛在顧客	在實際運用中要注意技巧，盡量不提或委婉提出自己的意圖
電話尋找法	指客戶經理利用打電話的方式尋找潛在客戶的辦法	一種心理溝通，具有方便、快捷、高效、超值等服務特點	要求客戶經理具備電話溝通的能力並掌握其技巧
函件尋找法	指以直接郵寄函件的方式來尋找潛在的客戶	目標明確，成本高，時間長，回覆率較低	以私人名義撰寫信函，寫信前搞清客戶的姓名及基本情況，在信件結尾親筆簽名
觀察法	指客戶經理通過自己對周圍環境的分析和判斷來尋找潛在客戶的方法	成本低	對客戶經理的判斷力和觀察力要求較高，要求判斷時盡可能客觀
專業渠道獲得法	從專業的行業期刊、雜誌、網絡獲得信息專業的市場調研公司所提供的行業分析報告與客戶名錄 通過行業協會主持的業內的技術研討會、產業發展研討會等渠道尋找客戶	較快地瞭解市場容量和潛在客戶的情況，成本低。商業資料的時效性較差	靈活運用溝通技巧以獲得對方的信任

挖掘潛在客戶的方法除了上述幾種外，還有很多。比如，既可以從朋友、熟人或

沒有競爭關係的其他人員那裡獲取相關信息，也可以通過商業展覽獲得資料。總之，尋找潛在客戶是一個艱鉅的工作過程，需要客戶經理綜合運用以上方法與技巧，才能取得最終的成功。

（四）尋找客戶的技巧

・與盡可能多的人建立聯繫，無論正式還是非正式方式。

・定期與可能成為社交網的朋友一起吃飯或運動。

・向別人推薦適合對方的客戶或商業機會。

・不論偶然接觸過的朋友還是社交網中經常向自己介紹客戶的人，應通過各種溝通方式與他們保持密切關係。

・向經常給自己介紹客戶的人表示衷心的感謝，逢年過節給他們送賀卡及禮品，無論是否與其介紹的潛在客戶成交。

實訓練習 5

目的：掌握尋找客戶的途徑。

規則與要求：根據每個人自己的社交關係網，以小組為單位設計尋找客戶的途徑。

場景：在實訓室模擬客戶經理研討會。

評價：由教師根據各小組設計方案的合理性及實用性進行評價。

實訓過程：

實訓總結和心得體會：

二、小客戶管理

（一）正確認識小客戶的重要性

小客戶有巨大的發展潛力，但因為他們的成交額太小，經常會被忽略。作為初入證券投資行業的客戶經理，最初接觸的客戶基本上都是小客戶，因此對小客戶管理是客戶經理最初的主要工作任務。實際上，對真正的行銷高手而言，客戶沒有大與小，關鍵在於挖掘客戶的潛力。在與小客戶建立關係時，他們會給客戶提出好的建議，給客戶留下一個好印象；佔有優勢之後，客戶經理就可以以更低的投入獲得更高的產出。

許多人在對待客戶政策中實行了區別對待的政策，搞一地一策、一戶一策，過分強調重點大客戶的作用，而對一般客戶的重視程度卻不夠，甚至在服務理念上歧視一般客戶。這種做法是一種只顧眼前利益、缺乏戰略考慮的做法，勢必會造成不良後果。

（二）小客戶管理方法

要公平對待每一位客戶。不論大客戶還是小客戶都是客戶，在思想深處都應該一視同仁，絕不能對小客戶採取歧視態度。

（1）關注小客戶巨大的潛力。增長潛力是需要考慮的第一要素，不管客戶現在是大還是小，對於有增長潛力的小客戶，通過長期的跟蹤合作，客戶經理可以和小客戶一起成長發展。

（2）瞭解客戶需求，為客戶著想。看到了小客戶巨大的潛力，客戶經理應根據客戶未來成長藍圖，構想出一個基於小客戶需求的投資產品或服務的建議。這個建議一旦被客戶接受，就會產生增值效應，引導客戶不斷帶來新的客戶。這也是客戶經理不斷提高客戶忠誠度的好辦法。

（3）注重私人感情交流。吸引小客戶的手段主要是人脈和服務態度。所以，與大客戶溝通的技巧不同，與小客戶的溝通更要注重私人感情交流。與小客戶進行穩固的溝通後，能夠建立穩固的關係，進而形成排他性的合作關係。

與小客戶進行良好的私人感情交流的核心，首先是真誠，客戶經理必須用個人的正直、誠實贏得客戶的好感和認同。同時，善於用客戶喜歡的方式和語言來表達自己的想法。瞭解每個顧客的喜好，記住在生日或節日時給客戶一條問候的短信或一個精美別致的小禮品。另外，注意運用溝通提升同客戶的關係附加值，如幫助客戶進入更廣闊的生意圈子，給客戶介紹行業中有影響的人，通過提升這種關係的附加值，建立起更好的關係。

（4）「培訓」小客戶。證券公司往往會為 VIP 客戶舉辦一些理財、健康等方面的

講座，進而培養他們的風險意識和理財意識，而對於小客戶，卻很少有一些系統的活動。實際上，小客戶更加需要有這種「培訓」，而這種「培訓」往往需要證券投資客戶經理來提供。最有效的辦法是客戶經理要對每一位客戶進行認真的分析，根據客戶的需要，為客戶準備一些建議，為小客戶建立一份詳盡的檔案，檔案裡記錄著每一位客戶的信息，以及給客戶提供的每一條建議的時間、內容，客戶採納情況，客戶對建議的評價以及採納建議後的效果。給客戶提供的這些建議，要遵循簡單實用的原則，根據客戶的理解方式與接受能力，用客戶喜歡的方式表達。

（5）為小客戶提供超值服務。為小客戶提供一般性的服務，如通過發送 E-mail、傳真、溫馨提示，提供各種諮詢、廣播股評、股評資料；提示新股中簽、繳款等公告；提供場內交易軟件和諮詢軟件的使用培訓等。還要有選擇地為小客戶提供會員類服務，如免費提供當日重要金融、財經新聞；傳遞每週大勢研究、熱點板塊及個股推薦有關信息；通知關於客戶持有股票的重要公告信息；免費提供行業、個股深度分析報告；免費提供股民培訓、電腦常識培訓等技術培訓等。

實訓練習 6

目的：通過對基金資料的整理與歸納等專業訓練，學會為小客戶提供超值的服務。

規則與要求：

（1）要求學生以小組為單位，利用事先準備好的當日重要金融、財經新聞、每週大勢研究、熱點板塊及個股推薦等有關信息資料，在 5 分鐘內盡可能多地記住資料上的關鍵信息。

（2）立即在不超過 2 分鐘的時間內復述記住的內容。

（3）模擬客戶經理向客戶介紹這些資料，調查客戶的投資需求。

客戶身分：初進入證券市場，剛成為本證券公司的客戶。

評價：由教師根據各小組講解重要財經新聞、股票分析的準確性，對客戶投資需求的判斷能力進行評價。

實訓過程：

實訓總結和心得體會：

模擬情景設計 3-1

場景：在實訓室模擬證券客戶經理研討會。

學生角色：客戶經理4人。

情景內容：以客戶經理團隊為形式，探討管理小客戶的方法。

客戶經理A：作為一個初入行的證券投資客戶經理來說，我們能接觸的客戶基本上都是小客戶，那麼如何管理小客戶是我們工作的重點，也是今後培養與開發大客戶的必經之路。我們今天交流一下如何管理小客戶，請大家說說各自的想法。

客戶經理A：我先開頭。在小客戶管理中，目前存在的最大問題就是許多人在對待客戶的政策中實行了區別對待，搞一地一策、一戶一策，過分強調重點大客戶的作用，而對一般客戶的重視程度卻不夠，甚至在服務理念上歧視一般客戶。我總覺得這是一種只顧眼前利益、缺乏戰略考慮的做法，勢必造成不良後果。

客戶經理B：表現在哪些方面呢？

客戶經理A：比如不能與小客戶共患難。

客戶經理C：這是不爭的事實。還有的經紀人對小客戶很無禮，往往對窮客戶或小客戶視而不見，對大客戶趨之若鶩。

客戶經理D：對，這也很常見，他們一定忘了許多大客戶也並不會一夜之間冒出來的事實了！

客戶經理B：我也發現有經驗的經紀人往往除了既有的大客戶，還會關注那些擁有巨大潛力的小客戶。

客戶經理C：就是嘛，不管客戶目前是大還是小，他們總是要發展的。我們要堅信：總有一天，小客戶會成為大客戶，至少他們有成為大客戶的可能性。

客戶經理A：對，所以我們就要充分重視小客戶。

客戶經理B：事實上，我認為運作小客戶更像是在耕地種田，只有淡季不辭辛苦地去耕耘，到了旺季才會有收穫，小客戶在旺季發揮的威力並不會比大客戶遜色多少。一般的中小客戶往往發揮著非常重要的作用，他們分佈廣、數量多，如果我們不重視與一般客戶的關係建設，就會造成一般客戶積極性和忠誠度降低，影響事業的長期發展。

客戶經理A：對，好多大客戶也是由小客戶成長起來的，而且小客戶做大做強的願望也是很強烈的，他們的壯大需要經紀人的支持，小客戶與我們合作的門檻也比大客戶低得多。

客戶經理C：是的，只要經紀人能保證他們有較為理想的利潤，他們的忠誠度還是比較高的。

客戶經理D：那確實是。而某些大客戶往往因資金雄厚、網絡廣闊、人員素質高而與經紀人討價還價，在某些要求得不到滿足的情況下，可能會另擇新枝。

客戶經理A：我們再探討一下如何挖掘並發展小客戶吧。

客戶經理C：這首先要關注小客戶巨大的潛力了，因為不管客戶現在是大還是小，對於有增長潛力的小客戶，通過長期的跟蹤合作，我們可以和客戶一起成長發展。絕不可輕視這樣的客戶，要知道，今天的「小不點」也許就是明天的大客戶。

客戶經理B：我同意你的說法。市場中的小魚總是成長得更快，而那些大鯊魚發展的空間通常卻是很有限的，所以今天的小客戶很有可能成為明天的大客戶。

客戶經理A：對，即便同樣是大客戶，有發展潛力的也比沒有潛力的更有價值。和有潛力的客戶合作，意味著幫助他們開發潛力，如果你能幫助客戶把他們的潛力最大化地開發出來，雙方就能一起成長，而且是一起更快地成長。

客戶經理D：是的，所以我們不僅要為他們提供今天最需要的服務，還要為他們提供明天最適合的服務，而這正是我們長期發展所必需的。

客戶經理A：對，往往好主意加執行力，才能贏得小客戶。

客戶經理D：好主意加執行力怎麼理解呢？

客戶經理A：是這樣的，當我們看到了客戶的巨大潛力以後，接下來要做的事就是根據客戶未來成長的藍圖，構想出一個基於其購買能力的、可以付諸實施的好主意。這個主意一旦被客戶接受，就會產生增值效應，引導客戶不斷開發出更大的投資空間。

客戶經理B：確實是，我也發現有經驗的經紀人往往很擅長這種方法。

客戶經理A：對，他們和各類客戶打過交道，往往對市場也有著深刻的瞭解，對可能出現的情況和供選方案等都有清晰的認識。

客戶經理B：是的，更為重要的是他們能把想法轉化成實際行動。

客戶經理C：實際上，他們的執行力正是他們勝出的法寶，也是受客戶青睞的原因。

客戶經理D：所以，發展小客戶，保持小客戶競爭力，往往才能開拓出發展空間。當客戶發展得更強大時，你就會面臨更多的競爭對手，這時候好多人都會想把客戶搶走。

客戶經理A：是的，客戶變得更強大時，面臨的競爭也更加激烈。因為當他們達到了一定規模時，就不得不去爭搶新的市場，觸動原來相安無事的競爭者，於是客戶被逼無奈，就會變得更苛刻。

客戶經理 B：是的，我們絕不能被這種變化嚇倒，因失去勇氣而退出，而要把它看成獨特的機會。當客戶面臨激烈的競爭時，會歡迎幫助和建議，特別是來自專業的、有經驗的經紀人的建議。

客戶經理 A：沒錯。我們能為他們提供最新的股市動向信息，提出有益的建議，就仍會是他們的座上客。事實上，要成為客戶的首選不是一日之功，要永遠成為他們的首選就更是難上加難了。

客戶經理 B：所以，我們要做長期努力，不僅為他們提供增加利潤的解決方案，還要提供能提升他們整體競爭力的方案。

客戶經理 A：對，經紀人本身就意味著要滿足客戶需求嘛。一旦我們能夠幫助客戶提升競爭力，不久就能把他們發展為主要的客戶。

客戶經理 C：我認為，能給客戶提出好的建議，給客戶留下一個好印象是很重要的，這可以使我們在實踐中佔有優勢。

客戶經理 A：對，這樣我們就可以以更低的投入獲得更高的產出了。

客戶經理 D：事實上，對我們來說，主要任務就是把客戶的發展潛力最大限度地挖掘出來。

客戶經理 A：今天的討論讓我們大家受益匪淺啊。但由於時間關係，今天的討論會就到此為止吧。

三、大客戶管理

對大客戶進行管理的目的只有一個，那就是「為客戶提供持續的個性化服務」，以此來滿足客戶的特定需求，從而建立長期穩定的大客戶關係。當然大客戶管理必須和經紀人自身的整體策略相結合。大客戶通常是某一領域的細分客戶，而且和傳統的大眾客戶管理相差甚遠，大客戶管理能夠最大化地滿足顧客的需求。

（1）大客戶的類型

大客戶有三類：普通大客戶，這是由大客戶經理與決策主體組成的；夥伴式大客戶，這類大客戶涉及的雙方人員比較多，有雙方的財務經理、物流經理、總經理等，涉及成本核算等領域的多方面合作；戰略性大客戶，這類大客戶涉及的人員和組織從最基層的銷售員、採購員到高層的 CEO、董事長。

（2）影響大客戶投資有價證券的因素

大客戶購買有價證券的影響因素比較多，但最常見的有以下一些，如表 3-15 所示。

表 3-15　　　　　　　　　　影響大客戶投資證券的因素

費用	在進行證券產品交易的過程中費用是否最小，是大客戶要考慮的問題
賺錢概率	做證券投資收益率的大小是大客戶考慮的重要問題
購買股票的複雜程度	證券公司所提供的服務越複雜，客戶所需要處理的問題就越多，潛在成本也就越高
政治因素	政府的貨幣政策是否對其有影響

（3）為大客戶提供服務

從以上大客戶進行證券投資時需注重的因素可以看出，這對客戶經理本身的素質有較高的要求。客戶經理對客戶本身的狀況、贏利方式要有絕對的瞭解，要具備相當強的溝通能力，還要掌握豐富的證券知識和全面的業務知識。客戶期望客戶經理有能力和其溝通，能提出建設性的設想，並有能力推進合作。客戶經理要有很強的談判能力，在整體的戰略思考、管理計劃、組織能力上要更勝一籌，對於股票知識和培訓能力也有一定的要求，最好還能夠知悉法律、財務的基本知識。

客戶經理在與大客戶進行溝通並提供服務時要有針對性。這是最關鍵的一點，要根據不同行業、不同服務進行區分，這樣才能為大客戶創造不同一般的價值和服務。

①諮詢。
・VIP 會員個股的即時信息；
・重大政策發布通報及影響分析；
・投資深度分析（資金流向、莊家動向及信息、公司研究）；
・大盤研判，熱點板塊及個股追蹤，並給出指導性意見；
・客戶指定上市公司的調研，並提交調研報告；
・國際、國內財經信息，重大事件信息。

②各項服務。
・月度投資回顧及分析，並提出改進意見；
・提供量身定做的投資組合及操作建議；
・用手機短信等形式提示 VIP 會員客戶股票買入賣出點位，盤前、盤中提示。

③提供家庭理財投資顧問服務。

④提供與本證券公司有合作的相關單位的優惠（如銀行儲蓄、保險、開放基金分析等）。

（4）大客戶的檔案管理

大客戶檔案管理的內容如表 3-16 所示。

表 3-16　　　　　　　　　　　大客戶檔案管理

類型	內容
基本信息	包括客戶的電話、地址、傳真、E-mail、性格、愛好等基本信息
重要信息	客戶的資源及客戶狀況，我們所提供的服務有多少，競爭對手有多少，帶給客戶的利潤如何等
核心信息	管理客戶的計劃和提供的策略，並檢查其效果以便隨時改正
過程管理信息	包括所有的談判記錄、談判參與人的身分，我們在談判過程中的回答、下一步的策略

實訓練習 7

目的：掌握客戶經理管理大客戶應具備的基本素質，瞭解可能為大客戶提供的服務。

規則與要求：以小組為單位，討論客戶經理在管理大客戶時應具備的基本要求，並寫出證券公司可能為大客戶提供的產品與服務。

评价：由教师根据各小组列出的给大客户提供的服务及对目前市场上的产品情况介绍的准确性及全面性进行评价。

实训过程：

實訓總結和心得體會：

四、證券投資客戶忠誠度管理

（一）客戶忠誠

（1）客戶忠誠的特徵

客戶忠誠的含義是指由於受價格、產品、服務特性或者其他因素的影響，客戶長

久地購買某一企業或某一品牌的產品或服務的行為。客戶忠誠度就是對這一行為的量化。

客戶忠誠是企業長期獲利和業績增長的有效途徑。對於證券公司而言，其最大的成本就是吸引新客戶，吸引一個新客戶比留住一個老客戶的成本高4~6倍。客戶的存留量與公司的利潤之間具有很高的相關性，與長期利潤相關的唯一因素是客戶的忠誠，而不是銷售量、市場份額或低成本。客戶滿意可降低經紀人未來工作過程中的交易成本。客戶流失率每減少1%，就相當於降低5%的成本。客戶忠誠還可以降低企業管理成本，同時減少處理客戶不滿所花費的時間，可花費更少的資源。

（2）忠誠客戶的特徵

第一，會反覆地消費證券公司的產品或服務，公司甚至可以定量分析出他們的購買頻率。

第二，在消費產品或服務時，選擇呈多樣性，他們更信任該證券公司的產品或服務，很支持企業的活動，更關注企業所提供的新產品或新服務。

第三，樂於向他人推薦企業的產品，被推薦者相對於其他客戶會更親近於該證券公司的產品或服務。

第四，會排斥其他該證券公司的競爭對手，只要忠誠的紐帶未被打破，他們會竭力維護公司的利益與形象。

（二）客戶忠誠三要素

客戶忠誠建立在多個要素之上，而不僅僅是建立在客戶經理對客戶偏好的記錄上，僅有客戶管理系統和大容量的數據庫是遠遠不夠的，要培育客戶忠誠，需要深入瞭解培養客戶忠誠度的各個要素。

（1）信任。客戶忠誠的第一個要素是信任。客戶必要要信任他的客戶經理，信任是客戶忠誠的一個決定性的因素。

・在實際生活中，值得信任的客戶經理可以降低客戶遭受損失的可能性，或幫助客戶降低風險。

・從本質上來說，信任支持了客戶那種認為「可以在服務中得到積極成果」的信念。信任的效果可以表述為這樣一種感覺，即經紀人是專業人士，可以「把事情做好」。

・只有在客戶產生了對經紀人的信任之後，忠誠才能產生。

・讓客戶信任客戶經理的前提是，客戶經理具備三個支持性的部分：經紀人提供服務的能力、善意和信譽。只有這三個部分合一，才能讓客戶產生信任。

・經紀人必須在和客戶接觸的早期就向客戶表現出支持性的三個部分，並且在和客戶的全面接觸中不斷深化客戶對這三個部分的認知。

（2）感知價值。客戶忠誠的第二個要素是感知價值。客戶在服務中獲得的感知價值必須要比從其他競爭者的服務中獲得的服務價值更高。在這裡，客戶經理要非常注意從客戶的角度來理解價值和成本的真正內涵，因為這是使客戶獲得高感知價值的基礎。具體來說，需要瞭解以下幾個方面。

・影響建立客戶忠誠的要素中，純感知價值是僅次於信任的要素。

・感知價值可以被看作是一個綜合框架，客戶通過這個框架來評估價格、已發生的成本以及從客戶經理那裡所獲得的收益，並將評估結果和其他證券公司的價格、費

用和能夠提供的收益進行對比之後，獲得的總體感覺。

・不同情況下評估框架的內容會有區別，因為不同的客戶採用不同的方式來評估價值，通常所說的「客戶滿意度」，在相當程度上來源於純感知價值。最基本的價值計算就是成本和收益的計算。

・從客戶的角度看，成本是多種多樣的。成本既包括了貨幣成本、服務的價格，又包括了客戶在交易中花費的時間和精力，以及所承受的擔憂和不確定性。

・價值也是多種多樣的，客戶經理要精確地理解客戶所看重的價值，並將這些價值提供給客戶。

・也有一些客戶會非常看重交易的方便性，對於他們來說，時間是關鍵性的要素。

總之，降低信息搜尋時間的成本，加快交易和交貨的速度，減少交易過程中客戶的精力花費，將會獲得客戶的價值認同。

（3）情感。客戶忠誠的第三個要素是情感。如果客戶經理能夠實現以上兩點，那麼也能夠讓客戶產生一定程度的情感依戀。這種情感回應一旦在交托給客戶經理之後，就不容易改變，從而形成高度的客戶忠誠。實際上，客戶的所有決定都在某種程度上和情感因素有些聯繫。

・忠誠客戶經理對於客戶自身來說也有好處，它不僅可以節省客戶進行服務比較的精力，還能節省搜尋合意服務所需要的諮詢時間，因此客戶對於合意的客戶經理總是抱有很深的感情。

・客戶對客戶經理的感情依戀主要有信賴感與信譽感、自豪感和激情。

・信賴感和信譽感來源於客戶經理構建信任的努力，是客戶經理確保服務的一致性並承擔相關責任之後的成果。

・自豪感則屬於一個更高的層次，反應了客戶對於客戶經理的深層次認同。

・激情則反應了服務對於客戶的無可替代性，體現了客戶經理對客戶需求的完美滿足。

（三）客戶忠誠分類

這種以感性為基礎的表述表明，不同客戶所具有的客戶忠誠度差別很大。具體的類型如表 3-17 所示。

表 3-17　　　　　　　　　　客戶忠誠分類

類型	內容	客戶忠誠度特點
壟斷忠誠	指客戶別無選擇。典型的情況是一個地區只有一家或很少的證券公司或營業部	高依賴、高重複購買的客戶
惰性忠誠	指客戶因為惰性而不願意去尋找其他的證券公司或營業部。如果一旦其他證券公司給予更好的服務，便會被挖走	高重複購買、低依賴的客戶，通過提供高質量的服務與產品留住客戶
方便忠誠	指由於地理位置或環境比較方便或熟悉等。如果其他證券公司給予更好的服務，便會被挖走	高重複購買、低依賴客戶。通過提供高質量的服務與產品留住客戶
潛在忠誠	指客戶希望得到更多的諮詢，但因為交易量不大，而被證券公司拒絕提供較周到的服務	低重複購買、低依賴客戶。提供高質量的服務與產品留住客戶。證券公司應提供差異化服務

表3-17(續)

類型	內容	客戶忠誠度特點
價格忠誠	對於價格敏感的客戶會忠誠於提供最低價格的證券公司	低依賴、低重複購買的客戶。證券公司無法把這些客戶培養成忠誠客戶
激勵客戶	當證券公司提供優惠服務時，這些客戶就會加入，但活動結束時，就轉向其他證券公司	低依賴、低重複購買的客戶
超值忠誠	這是一種典型的感情或品牌忠誠。這種忠誠對證券公司是最有價值的。客戶對使其從中受益的產品和服務情有獨鐘	低依賴、高重複購買的客戶

(四) 提高客戶忠誠度的策略和方法

(1) 培養客戶忠誠的策略

獲得客戶忠誠的最好辦法就是客戶經理以自己的忠誠或者是採取忠誠的行為換取客戶的忠誠。在以客戶需求為導向的今天，每一個客戶都是獨立的、不相同的，只有按照客戶的需求去做，盡可能地滿足客戶需求，才能留住客戶。讓客戶忠誠就必須從客戶資產的安全性、流動性和收益性等方面來考慮，尤其是為重點客戶服務時，要盡量為其著想。當客戶需要幫助時，把客戶的困難與問題當成自己的困難與問題來解決，這樣才會使客戶成為企業忠誠的客戶。

一般而言，從公司角度來說，可以通過客戶差異化和服務差異化來獲得客戶忠誠。

①客戶差異化管理。採取客戶差異化管理的前提是必須瞭解客戶，這包括熟悉每位客戶的獨特之處，掌握導致客戶之間差異的原因。為了識別每位客戶的特點，通常從內在因素識別忠誠客戶群，根據客戶交易量的大小、客戶交易量增長率的大小、這種客戶關係持續的時間長短、客戶關係能帶來利潤的大小等方面，將客戶進行分類。在搞清哪些客戶能讓公司賺錢，哪些客戶會讓公司賠錢後，有助於客戶經理制定忠誠行銷戰略。

②服務差異化管理。服務差異化管理就是提高服務附加值的行銷戰略，其目的是提供一系列滿足甚至超過投資者期望值的產品和服務。在瞭解了客戶的差異及特殊需求後，就要提供相應的產品和服務使之得到滿足。證券投資客戶經理能為客戶提供的服務產品主要有信息服務和理財服務。

一類是和投資者交易行為相關的帳戶交易服務，如即時成交回報、持倉股增發配送提示、自選股的預警、新股中簽提示、新股上市提示等。客戶經理要把這些信息及時傳送給客戶。

另一類是資訊服務。一般證券公司都有基於信息電子化平臺向投資者傳遞其所需要的證券信息的服務，如與客戶相關的重大消息公告、持倉股公告、財務數據、一對一答疑。從客戶經理角度來說，要合理地利用公司這些資訊，及時向客戶提示或提出建議。

(2) 將潛在客戶轉化成忠誠客戶的方法

①將潛在客戶或一般客戶轉化成忠誠客戶的重點是對客戶做深一層的調查，看對方是否有成為你的忠誠客戶的實際慾望，將其自然過渡。

②將有效潛在顧客轉型為一般客戶，這一步非常關鍵，客戶從此是否為忠誠客戶在於客戶經理的第一次服務。很多人總是操之過急，恨不得一口吃個大胖子，這樣做的後果往往適得其反。

③將第一次合作者轉型為一般客戶，客戶認可了客戶經理的服務和專業技能，在其再次需要此服務時，一定會毫不猶豫地選擇你。在這種時候，服務依然是最為關鍵的，客戶現在成了你的朋友，但並不是你忠誠的朋友，這就需要客戶經理再次努力。

④誘導一般客戶轉為忠誠的客戶，到了這一步，客戶經理才可以要求客戶做自己的長期合作夥伴。一來基於客戶的信任不好拒絕，二來客戶經理也有足夠的自信去要求客戶。

實訓練習 8

目的：通過對證券投資及股票市場資料的整理與歸納等專業訓練，學會為客戶提供超值的服務。

規則與要求：要求學生以小組為單位，事先準備好證券公司的近期股票市場研究報告等資料，每一個學生要在 10 分鐘內理解背誦資料上的關鍵內容，之後分別扮演客戶經理，就股票市場最新信息內容向一位忠誠客戶提供信息服務，並與客戶探討股市發展趨勢。

客戶身分：客戶多年在本證券公司做有價證券投資，資金量大，交易較為頻繁。

評價：由教師根據各小組對資料的記憶與理解的情況，以及為客戶提供的信息服務的適用性做評價。

實訓過程：

實訓總結和心得體會：

五、客戶流失

(一) 客戶流失的原因

導致客戶流失的原因是多樣的，具體如表 3-18 所示。

表 3-18　　　　　　　　　　　客戶流失的原因與分析

流失原因	分析
客戶流動	客戶從原單位調離，甚至離開所在城市，導致流失
競爭對手的「搶奪」	被競爭對手用感情投資或利益誘惑挖走客戶
股市波動	一時不可預料的因素，如銀行利率上調，股票價格下跌，導致客戶沒錢賺甚至賠錢，選擇離開市場
細節疏忽	客戶經理在與客戶溝通的細節上出現了問題，使客戶反感而離開
誠信問題	有意無意地失信，導致客戶的信心盡失，進而退出
自然因素	缺乏溝通、管理不到位、客戶不願意繼續從事股票行業，使客戶流失
服務質量	客戶對服務不滿，就會轉向尋求新的更能滿足其需求的客戶經理

(二) 防止客戶流失的措施

要努力防止流失客戶，有以下幾個措施：

(1) 在滿足客戶基本需求的情況下，可以盡可能為其提供額外增值。

(2) 對於留住老客戶來說，服務到位比什麼都重要。一般來說，客戶衡量客戶經理服務優劣的標準包含幾個方面，如圖 3-2 所示。

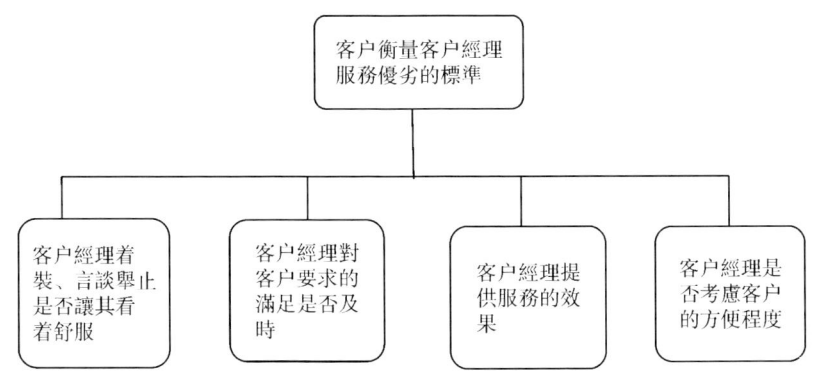

圖 3-2　客戶衡量客戶經理服務優劣的標準

・利益。要盡量能讓客戶最大限度地得到好處，實現客戶小投入大回報的願望。

・方便。讓客戶感覺和客戶經理或證券公司合作是最方便的，而且麻煩也最少。

・感情。讓客戶感受到被尊重，感覺到跟客戶經理打交道有享受般的快樂，必要時客戶經理要學會適當地滿足客戶的虛榮心。

(三) 留住客戶的步驟

防止客戶流失的措施可以減少客戶流失，那麼如果客戶真的要流失了，該怎樣挽留呢？其步驟如表 3-19 所示。

表 3-19　　　　　　　　　　　　挽留客戶的步驟

明確界定客戶保持的目標和相關戰略	對客戶的基本目標和戰略要有明確的瞭解，做到知己知彼
對客戶群進行劃分	根據「二八法則」，對於優質客戶，要為他們提供更多的附加價值，提高他們的忠誠度，對於價值不大的客戶群，也要保持足夠的關注，因為他們也可能發展成為優質客戶
瞭解客戶的關鍵需求	全方位優質服務是好，但有的客戶對時間的要求特別高，也有的客戶可能對相關的成本看得比較重，或對服務質量有較高的要求，客戶經理要弄清客戶所期望的績效與實際所感知的績效之間存在的差距
通過改進服務流程	進一步改進和提高客戶所需要的績效
關注客戶的需求變化	客戶在不同時期有不同的需求，客戶經理要隨之做出調整，以滿足其新需求
通過合理手段，增加客戶的退出成本	有的客戶考慮到退出成本比較大，於己不利，就會打消退出的念頭
考核客戶留住計劃的實施情況	通過考核，調整自己的計劃

第四章 證券投資分析基本分析實訓篇

■本章簡介

　　證券投資基本分析是證券投資分析中的重要內容，包括宏觀因素和行業因素，本章對各種宏觀因素的變動對股價的影響、行業不同生命週期對股價的影響進行了分析。

■學習目標

1. 能深刻理解各種宏觀因素的變動對股價的影響。
2. 能掌握行業的劃分及內容。
3. 瞭解行業的生命週期及影響因素，熟悉行業的競爭程度及市場結構分析。
4. 掌握影響有價證券走勢的各種行業因素分析。

第一節　證券投資的宏觀經濟分析

一、宏觀經濟走勢的因素分析

（一）經濟週期

　　科學研究和實踐證明，宏觀經濟走勢具有週期輪迴的特徵，即具有經濟週期。作為宏觀經濟晴雨表的股票市場，必然受到經濟週期的影響。經濟週期表現為四個階段：

　　（1）蕭條階段。在蕭條階段，信用萎縮、投資減少、生產下降、失業嚴重、人們收入減少，必然會減少對股票的投資需求，因而股市呈現熊市景象。

　　（2）復甦階段。在復甦階段，經濟開始回生，公司經營趨於好轉，人們收入開始增加，也會增加對股票的需求，股價開始進入上升通道，此時是購入股票的最佳時期。

　　（3）繁榮階段。在繁榮階段，信用擴張、就業水準較高、消費旺盛、收入增加，股價往往屢創新高。但此時應注意防範由於政府實施宏觀經濟政策給股票市場帶來的

系統性風險。

（4）衰退階段。在衰退階段，隨著經濟的萎縮，股票投資者也開始退出股市，股價也會由高位回落。此時應賣出股票。

注意：通常情況下經濟週期與股價指數的變動不是同步的，而是股價指數先於經濟週期一步。即在衰退以前，股價已開始下跌，而在復甦之前，股價已經回升；經濟週期未步入高峰階段時，股價已經見頂；經濟仍處於衰退期間，股市已開始從谷底回升。這是因為股市股價的漲落包含著投資者對經濟走勢變動的預期和投資者的心理反應等因素。

（二）經濟增長

（1）相關深層原因

①經濟增長會引起資金規模的相應變動而其又是股價指數變動基礎；從經濟增長的過程來看，社會需求規模擴張——企業借款經營規模擴張（規模擴大途徑：銀行間接信用、發行股票直接融資）——企業擴大經營，普遍利潤總額上升——上市公司股票收益率普遍提高——股價指數上漲，所以，經濟增長加速的過程即是資金規模擴張、企業利潤、上市公司收益率普遍提高的過程，是股價指數上漲的基礎性動力。

②股價指數波動與經濟增長關聯性還表現在進入股價指數標本的上市公司，一般都是各行各業具代表性的大公司股票，這些公司經營業績是國民經濟形勢的大致反應，故分析股價波動趨勢的基礎在於經濟狀況。

（2）經濟增長率（國內生產總值 GDP）對證券市場的影響分析

①經濟持續增長對證券市場的影響

在持續發展的經濟增長下，總需求與總供給的協調，經濟結構的合理，使上市公司利潤增加、業績理想、分紅增加、生產規模的進一步擴大，從而使公司的股票或債券升值，促使人們普遍看好上市公司，對價格上升產生預期。於是證券投資的供求也發生變化，需求大於供給，促使證券價格上升。此時，由於國民收入的提高，進一步刺激證券投資而繼續推動證券的價格的上升。證券市場的總體走勢呈上升趨勢。

②經濟危機與衰退對證券市場的影響

繁榮高漲的經濟，往往總需求大於總供給，推動物價上升和股價上揚，其中已包含著諸多泡沫因素，在股價上揚的財富效應下，促使消費過度膨脹，通脹也逐漸加深，一旦經濟危機爆發，首先表現為支付手段的危機，企業個人信用的過度透支，此時因經濟效益的下降，企業利潤減少以及消費者收入減少，爆發信用危機，從而導致證券市場價格的下跌，人們賣出股票，解決支付手段的問題，導致了股票供大於求，證券市場發生了暴跌的現象。

進入蕭條期，證券市場處於交投清淡的低迷時期。多數證券的價格都已跌到內在價值之下，但大多數人卻看壞這一市場而不願從事證券投資。

蒂姆森、馬什和斯湯頓在他們的著作《樂觀者的勝利》中發現股票總實際回報率和人均 GDP 增長率之間存在關聯：「據統計，1900—2000 年的關係指數為負 0.27，1951—2000 年的關係指數為負 0.03。」

杰伊-里特也在其著作《經濟增長和股市回報》中發現人均 GDP 增長率和股價上漲關係密切：「我對此的結論是……通過對 16 個國家自 1900—2002 年的數據分析後發現，這一關係指數為負 0.37。」（見圖 4-1）

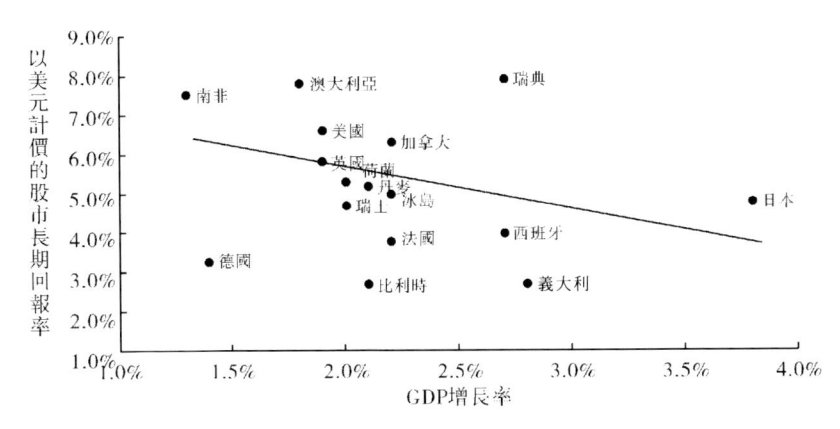

圖 4-1　1900—2006 年 12 月 16 個國家以美元計價的股市長期回報率與其平均實際 GDP 增長率的比較

杰恩和卡蘭森在其著作《兼談 GDP 增長與股市回報的神話》中稱：「數據清楚地表明，扣除通脹調整因素後，從長期來看，股市回報率和人均 GDP 增長之間存在著反比關係」。

（3）就業狀況的變動對證券市場影響分析

證券市場的投資不論是機構投資還是個體投資，都是社會大眾化的投資，就業狀況的好壞不僅反應了經濟狀況，而且對證券市場資金供給的增減變化有密切關係。在經濟增長初期，人們就業收入用於支付個人消費，之後人們手中累積了一定的多餘貨幣而投資於證券，因此，隨之證券市場發達了，在經濟繁榮期，就業率高，收入普遍增長，證券市場資金源源流入推高股價，而投資者因財富效應增加消費信貸，銀行業甘願承擔授信品質低的信貸風險。當一些有遠見的獲利者拋售股票離場時，證券指數下跌，大多數人會補倉推動股價上揚，但後續資金乏力，股指終究跌落下來，隨著投資者損失加重，消費投資減少，就業機會下降，經濟危機爆發，人們斬倉出逃。接著持續的經濟衰退，失業率上升，證券市值大幅下降，證券指數運行在一個長期的下跌趨勢中。

（4）通貨膨脹與通貨緊縮對證券市場的影響

①通脹的影響：通脹早期，表現為溫和的、慢速的、需求拉上的狀態，人們有貨幣幻覺，企業家因漲價、盈利增加而追加投資，就業隨之增長，收入隨之增長，消費者投資於證券的資金增加；通脹中期表現為結構性為主混合需求拉上成本推進的狀態，一些部門的產品價格經過結構性投資變動價格上漲，證券品種之間價格發生結構性調整；在嚴重的通脹下，貨幣大幅貶值，人們相應地抽取證券市場資金，購置物業等保值商品。投資收益下降，經濟衰退，資金離場，證券價格進一步下跌，因此長期通脹，經濟必衰退，證券價格下跌，從而抵消了早期通脹對證券投資的積極效應。

②通貨緊縮的影響：通貨緊縮是物價水準普遍持續下降的經濟現象，物價水準下跌提高了貨幣購買力，但商品銷售減少，企業收入減少，投資也減少。通貨緊縮初期，由於貨幣購買力提高，消費投資會有所增加，證券市場的興旺是短暫的，隨就業機會的減少，公眾預期收入減少，消費投資低迷，而使證券市場低迷。通貨緊縮的主要原因為中央銀行貨幣供給量減少，但有時也會因投資環境差，新增的貨幣供給並不能轉

向投資於消費，而被人們流動性偏好吸收。

（5）國際收支狀況對證券市場的影響

①貿易順差的影響：持續的貿易順差可以增加國民生產總值，公眾收入增長，從而帶動債券市場價格上揚。20世紀90年代初期，東南亞出口順差，而經濟增長快，收入增長促使證券市場高漲，但1997年金融危機後，被歐美發達國擴大出口而改變。總之，出口優良的企業，其證券價格會有優異的表現。

②貿易逆差的影響：一國出口貿易逆差，生產這些產品的企業收益下降，證券發行受冷遇，其價格在證券市場上表現差，一國若持續貿易逆差，外匯儲備減少，進口支付能力惡化，經濟受影響而不景氣，證券市場也不景氣。

③國際收支順差的影響：國際收支長期大幅順差，容易引發國內通脹，為收購外幣政府將投放過量本幣，其中，國際投機資本的大量流入流出，會引發國內金融市場的動盪與本幣幣值的穩定，證券價格的波動則直接受到影響。

通脹對股價產生負面影響的解釋

多年以來，許多經濟學家都認為股票是一種通貨膨脹中性的投資工具。他們認為，關於通貨膨脹率的變化，不管這種變化是否有被預期到，都不會影響普通股投資的實際收益率。但近年來的實證研究表明，投資普通股的實際收益率與通貨膨脹率呈反向相關關係。至於其原因，主要有以下四種不同的解釋。

第一種觀點認為，突發性的經濟衝擊（如石油危機等）會導致通貨膨脹率的上升以及公司收益和股利的下降，從而使得股票投資的實際收益率與通貨膨脹呈現反向相關關係。

第二種觀點認為，通貨膨脹率越高，股票投資的實際收益率所具有的風險就越大。因為通貨膨脹率越高，經濟的不確定性就越大，投資風險也就越大，從而投資者所要求的投資收益率也就越高。此外，市場資本化比率會隨著通貨膨脹率上升而上升，從而降低股票的內在價值。

第三種觀點認為，當通貨膨脹率上升時，當前的稅收制度會降低公司的稅後收益，減少公司的實際股利，從而降低股票的內在價值。

第四種觀點認為，很多股票投資者都具有「貨幣幻覺」。當通貨膨脹率上升時，投資者會把名義利率的上升當成是實際利率的上升，從而低估股票價值。

二、宏觀經濟政策的因素分析

（一）財政政策對證券市場的影響

1. 財政政策的運作對證券市場的影響

從整個國家財政對宏觀經濟的影響和作用來看，分為「自動穩定器」和「相機抉擇」兩個方面。在中國，財政政策主要發揮「相機抉擇」的作用。

2. 財政政策的種類與經濟效應及其對證券市場的影響

財政政策分為：鬆的財政政策、緊的財政政策和中性財政政策。緊的財政政策將使得過熱的經濟受到控制，證券市場也將走弱，而鬆的財政政策刺激經濟發展，證券市場走強。

（1）鬆的財政政策表現及其對證券市場的影響

①表現為減少稅收，降低稅率，擴大減免稅範圍。政策經濟效用，增加微觀主體的收入，以刺激經濟主體的投資需求，從而擴大社會供給。對證券市場的影響，增加人們的收入，並同時增加了他們的投資需求和消費支出。前者引起證券市場價格的上漲；後者使得社會總需求增加，總需求的增加反過來刺激投資需求，企業擴大生產規模，企業利潤增加，從而促使股價上漲，由於企業經營環境得以改善，盈利能力增強，降低了還本付息風險，證券價格也將上揚。

②表現為擴大財政支出，加大財政赤字。政策效應是：擴大了社會總需求，從而刺激投資，擴大就業。政府通過購買和公共支出增加商品和勞務需求，激勵企業增加投入，提高產出水準，預計企業利潤增加，經營風險降低，使得股票和債券的價格上漲；同時居民在經濟復甦中增加了收入，持有貨幣增加，景氣的趨勢更加增加了投資的信心，購買力增強，股市債市上揚。

特別是與政府購買支出相關的企業率先獲益，其股價和債券價格也率先上升。

③表現為減少國債發行（或回購部分短期國債）。政策效應：擴大了貨幣流通量，以擴大社會總需求，從而刺激生產。由於債券的供給量減少，價格上揚，繼而又因貨幣的供給效益和證券的聯動效應，整個證券市場價格均會上揚。

④表現為增加財政補貼。財政補貼使財政支出擴大。其政策效應擴大了需求和刺激供給的增加。

（2）緊的財政政策的影響與鬆的財政政策的影響相反。

3. 短期財政政策目標的運作及其對證券市場的影響

為實現短期的財政政策主要採取「相機抉擇」的財政政策。大致分以下幾種情況：

（1）當社會總需求不足時，使用鬆的財政政策，通過擴大支出，增加赤字，擴大社會總需求，也可採取減免稅負，增加財政補貼等政策，刺激微觀經濟主體增加投資需求，證券價格上漲。

（2）當社會總供給不足時，使用緊縮性財政政策，通過減少赤字，增加公開市場上出售國債度量，以及減少財政補貼等政策，壓縮社會總需求，證券價格下跌。

（3）當社會總需求小於社會總供給時，搭配「鬆」「緊」政策，一方面通過增加赤字，擴大支出等政策刺激總需求增長；另一方面採取擴大稅收、調高稅率等措施抑制微觀經濟主體的供給。如果總量效應大於稅收效應，那麼對證券的價格上揚會起到推動作用。

（4）當社會供給小於社會總需求時，可搭配「鬆」「緊」政策，一方面通過減少赤字，壓縮支出等政策縮小總需求；另一方面採取減免稅收、降低稅率等措施刺激微觀經濟主體增加供給。如果支出的壓縮效應大於稅收的緊縮效應，那麼證券的價格就會下跌。

4. 中長期財政目標的運作及其對證券市場的影響

主要是調整財政支出結構和改革，調整稅制。其做法有：

（1）根據國家的產業政策和產業結構調整的要求，在國家預算支出中優先投資鼓勵發展的產業。

（2）運用財政貼息，財政信用支出以及國家政策性金融機構提供的擔保或貸款，支持高新技術產業和農業的發展。

（3）通過合理確定國債規模，吸納部分社會資金，列入中央預算，轉做政府集中性投資，用於能源、交通等重點建設。

（4）調整和改革整個稅制體系，或者調整部分主要稅制，以實現對收入分配的調節。

對證券市場的影響：

當企業所處的產業受國家產業政策的扶持時，企業的經營如相關項目的審批、原材料和資金等的供給乃至稅收等方面都可能會享受到國家的一些優惠，從而有助於經營水準的提高。反之，如企業處在產業政策的限制之列時，企業的經營將要受到較大的影響。如1996年，中國政府為鼓勵和扶持汽車行業的發展，曾制定了一系列的產業政策，在一定程度上刺激了汽車產業的生產與消費。

5. 運用財政政策進行證券投資分析需注意的問題

（1）關注經濟信息，認清經濟形勢。

（2）關注政府人事變動，它常常反應政府的政策傾向。

（3）分析過去類似形勢下的政府行為及對經濟的影響。

（4）關注年度財政預算，把握財政收支的總量變化趨勢，對財政收支結構及其重點作出分析，以便瞭解政府的財政投資重點和傾斜政策。

（5）在非常時期對經濟形勢分析，預見財政政策的調整。

（6）在預見和分析財政政策的基礎上，進一步分析相應政策對經濟形勢的綜合影響（如通貨膨脹、利率等），結合上市公司的內部分析，分析個股的變化趨勢。

（二）貨幣政策對證券市場影響

1. 利率對證券市場的影響

利率上升，一方面公司借款成本增加，利潤率下降，股價下跌。將使負債經營企業經營困難，經營風險加大，其股價和債券的價格都將下跌。另一方面，利率上升，吸引部分資金從證券市場專向儲蓄，導致證券需求下降，證券價格下跌。利率下降，反之。

2. 公開市場業務對證券市場的影響

政府通過公開市場購回債券來達到增大貨幣供應量，一方面減少了國債的供給，從而減少證券市場的總供給，使得證券價格上漲，特別是被政府購買國債品種（通常是短期國債）的首先上揚；另一方面，政府購買國債等於向證券市場提供資金，其效應是提高了證券的需求，從而使整個證券市場價格上揚，然後增加的貨幣供應量將對經濟產生影響。

3. 匯率對證券市場的影響

外匯匯率的上升，本幣貶值，增強本國出口產品的競爭力，使出口產品的企業受益而其證券價格上漲，反之依賴於進口產品的企業，成本上升，效益下降，則其證券價格下跌。但是總體看，外匯匯率上升，本幣貶值導致資本從國內流出，證券市場需求減少，價格下降。本幣貶值則進口產品價格上升，帶動國內物價上漲，通脹引發。為了匯率的穩定，政府拋售外匯，吸回本幣，減少市場本幣的供應量，證券價格整體下降，直至匯率平衡。政府也可通過債市匯市配合來控制匯率上升，在拋售外匯的同時，回購國債，從而不減少市場貨幣供應量，使國債價格上揚，又促使外匯匯率下降，政府在實現宏觀調控經濟的過程中，可持續性使用鬆緊相宜的貨幣政策，把它作為一

個調控過程，以保持經濟的穩定增長。

三、其他宏觀影響因素分析

1. 政治因素

政治上的穩定與否，直接影響了證券市場的價格波動和資金數量的變化。政權的轉移、政府的更迭，都將影響社會的安定及人心的穩定，它是影響股價的重要因素。

2. 戰爭因素

戰爭對股價的影響有長期的，亦有短期的；有好的方面，也有不良的方面；有範圍廣的，也有單一項目的；到底影響力度如何，要視戰爭的性質而定。戰爭會使武器及醫療等工業需求增加，與此相關的股票價格就可能上漲；如果戰爭中斷了原材料或產品的運輸，影響了購買力或原料的供應，相應的股票價格就會下跌。但總的來說，對證券市場的投資是一種打擊，會引發物價上漲，貨幣貶值，人們拋售股票來換取貨幣與實物，股市暴跌。即使沒有發生戰爭的國家，其股價的上漲也是暫時的，因為經濟的全球化效應是相互影響的。

戰爭促使軍需工業興起，凡與軍需工業相關的公司股票當然要上漲。戰爭中斷了某一地區的海空或陸運，提高了原料或成品輸送之運費，因而商品漲價，影響購買力，公司業績萎縮，與此相關的公司股票必然會跌價。其他由於戰爭所引起的許多狀況都是足以使證券市場產生波動，投資人需要冷靜地分析。

3. 自然災害因素

自然災害會導致上市公司效益下降，股價自然下跌。這些因素它們對證券市場的影響是突發的，有的是暫時的，對股價是巨大的打擊而令證券市場動盪。

4. 國際政局因素

國際政治形勢的改變，已愈來愈對股價產生敏感反應，隨著交通運輸的日益便利，通信手段、方法的日益完善，國與國之間、地區與地區之間的聯繫越來越密切，世界從獨立單元轉變成相互影響的整體，因此一個國家或地區的政治、經濟、財政等結構將緊隨著國際形勢改變，股票市場也隨之變動。

5. 市場技術因素

所謂市場技術因素，指的是股票市場的各種投機操作、市場規律以及證券主管機構的某些干預行為等因素。其中，股票市場上的各種投機操作尤其應當引起投資者的注意。

6. 社會心理因素

社會公眾心理因素即投資者的心理變化對股票市價有著很大影響。

7. 市場效率因素

市場效率因素主要包括以下幾個方面：

（1）信息披露是否全面、準確。

（2）通信條件是否先進，從而決定信息傳播是否快速準確。

（3）投資專業化程度，投資大眾分析、處理和理解信息的能力、速度及準確性。

實訓練習 1

收集 2014—2015 年的財政政策與貨幣政策以及匯率的變化、並分析財政政策的變

動對證券市場價格有何影響、貨幣政策的變動對證券市場價格有何影響、匯率的變動對證券市場價格有何影響。

實訓過程：

實訓總結和心得體會：

第二節　行業分析（中觀分析）

一、行業的劃分方法

（一）道瓊斯分類法

將股票分為三類即工業、運輸業、公用事業。在道瓊斯指數中，工業包括了採掘業、製造業和商業；運輸業包括航空、鐵路、汽車運輸和航運業；公用事業包括電話、煤氣、電力。

（二）中國國民經濟行業分類

1. 按三次產業分

第一產業：農業（農、林、漁）；

第二產業：工業（採掘業、製造業、自來水、電力、蒸汽、熱水、煤氣）、建築業；

第三產業：社會經濟活動的其餘部分，主要是流通部門與服務業。

2. 按行業所處生命週期分

可分為新興行業、朝陽行業、成熟行業和夕陽行業。

行業生命週期：一個行業所經歷的從產生、發展到衰退的演變過程稱為行業的生命週期。

①形成階段：在初創階段，投入成本較高，市場需求相對較小，銷售收入不高，投資風險較大，投資的收益可能較低。

②成長階段：生產技術開始成熟，有可能出現企業的破產和合併（生產廠商良莠不齊，不斷有劣勢企業被淘汰），投資回報較高，利潤增長幅度較大。

③成熟階段：行業利潤穩定但增長不高，整體風險穩定在一定水準。成熟行業競爭激烈，成長率不高。

④衰退階段：市場開始出現飽和，整體利潤率下降，行業公司減少。此時行業開始尋求資產重組以轉移剩餘的資產或獲得新的成長機會。比如：紡織行業。

投資者分析行業所處生命週期的目的是挑選出有較高投資回報的行業進行投資，因此，通常會選擇具有高增長率的、處於成長階段的行業，以期獲得較高的資本利得。需要說明的是，只有那些分析準確，並且領先於市場反應的投資者才能獲得豐厚的收益。如果這種行業的股票價格已經反應了其高成長的可能性，那麼即使投資者準確預測，同等的風險條件下，也難以取得較好的投資業績。

二、行業的特徵分析

（1）行業經濟結構分析

1. 完全競爭

是指許多企業生產同質產品的市場情形。

完全競爭的特點是：

①生產者眾多，各種生產資料可以完全流動；

②產品不論是有形或無形的，都是同質的，無差別的；
③沒有一個企業能夠影響產品的價格；
④企業永遠是價格的接受者而不是價格的制定者；
⑤企業的盈利基本上由市場對產品的需求來決定；
⑥生產者和消費對市場情況非常瞭解，並可自由進入或退出這個市場。

從上述特點可以看出，完全競爭是一個理論性很強的市場類型，其根本特點在於所有的企業都無法控制市場的價格和使產品差異化。

在現實經濟中，完全競爭的市場類型是少見的，較接近完全競爭行業主要是初級產品行業。該類行業產品的附加值低，技術含量低。投資壁壘很少，進入成本很低。企業間的競爭十分激烈，投資風險很大。但這類行業中的某些極少數企業有可能日後成為該行業的霸主，也使該行業演變成壟斷競爭的行業。因此，在完全競爭行業中，選擇今後有可能成為該行業霸主的企業進行投資，就會獲得很高的收益。

2. 壟斷競爭
是指許多生產者生產同品種但不同質產品的市場情形。
壟斷競爭的特點是：
①生產者眾多，各種生產資料可以流動；
②生產的產品同種但不同質，即產品之間存在著實際或想像上的差異它是壟斷競爭與完全競爭的主要區別；
③由於產品差異性的存在，生產者可以樹立自己產品的信譽，從而對其產品的價格有一定的控制能力。

壟斷競爭行業現實中主要以製造品為主，產品的附加值和技術含量存在較大的差異，少數企業因其巨大的市場佔有率、馳名的品牌、良好的公眾形象，在市場中佔有壟斷地位。在壟斷競爭行業中，一定選擇佔有壟斷地位的企業進行投資。

3. 寡頭壟斷
是指相對少量的生產者在某種產品的生產中占據很大市場的份額的情形。

在寡頭壟斷的市場上，由於這些少數生產者的產量非常大，因此他們對市場的價格和交易具有一定的壟斷能力。同時，由於只有少量的生產者生產同一種產品，因而每個生產者的價格政策和經營方式及其變化都會對其他生產者形成重要影響。因此，在這個市場上，通常存在著一個起領導作用的企業，其他企業隨該企業定價與經營方式的變化而相應地進行某些調整。資本密集型、技術密集型產品，如鋼鐵、汽車等，以及少數儲量集中的礦產品如石油等的市場多屬這種類型，因為生產這些產品所必需的巨額投資、複雜的技術或產品儲量分佈限制了新企業對這個市場的侵入。

鋼鐵行業和制藥行業同屬於寡頭壟斷行業，鋼鐵行業屬於夕陽產業，而制藥行業則屬於朝陽產業。在寡頭壟斷行業中，就要選擇朝陽產業進行投資。

4. 完全壟斷
是指獨家企業生產某種物質產品的情形，特質產品是指那些沒有或缺少相近的替代品的產品。

完全壟斷可分為兩種類型：政府完全壟斷，如國有鐵路、郵電等部門。私人完全壟斷，如根據政府授予的特許專營或根據專利產生的獨家經營，以及由於資本雄厚、技術先進而建立的排他性的私人壟斷經營。

完全壟斷市場類型的特點是：

①由於市場被獨家企業控制，產品又沒有或缺少合適的替代品，因此，壟斷者能夠根據市場的供需情況制定理想的價格和產量，在高價省銷和低價多銷之間進行選擇，以獲取最大的利潤。

②壟斷者在制定產品的價格與生產數量方面的自由性是有限度的，它要受到反壟斷法和政府管制的約束。

在現實生活中，完全壟斷行業主要以公用事業、大型基礎建設、獨有技術產業為主，產品單一，投資壁壘很大，進入成本很高，企業數量很少。這類行業一般又分為兩類，一類是以公用事業、大型基礎建設為代表的長期收益穩定、風險較小的行業；另一類是以高科技為主的風險巨大、收益極不穩定，高風險、高收益的完全壟斷的新興產業。在完全壟斷行業中，穩健的投資者可以選擇以公用事業為主；而敢於冒高風險，追逐高利潤的投資者可以選擇以高科技為主的新興產業。

市場結構的幾種形式的對比如表 4-1 所示。

表 4-1　　　　　　　　　　　　行業經濟結構

市場結構	廠商數量	產品差異	廠商對價格控制
完全競爭	多	產品同質（如初級產品）	無控制能力
壟斷競爭	多	產品存在實際上或想像上差異（如製成品）	同上
寡頭競爭	少	同質或略有差異（如鋼鐵、汽車、石油等）	有相當控制能力
完全壟斷	一家	單一產品（如水電等公用事業）	很大控制能力

這四種類型的市場結構競爭程度是遞減的。一般來說，競爭程度越高，投資壁壘越少，進入成本越低，其產品利潤受供求關係影響越大；反之，壟斷性行業投資獲利好，風險小，但投資壁壘多，投資機會少，進入成本高。

（二）經濟週期與行業分析

（1）增長型行業：這些產業收入的增加主要依靠技術進步、新產品推出及更優質的服務，因此其股票價格受經濟週期影響較小。如計算機、生物工程等高新技術產業。

（2）週期型行業：這些產業與經濟週期關係密切，當經濟處於上升時期，這些行業緊隨其擴張；當經濟衰退，這些行業也隨之衰退。如服務業、耐用品製造業。

（3）防守型行業：這些行業產品需求穩定，不受經濟週期影響。如日常用品的生產行業、公用事業。

週期型行業股票是順勢而為的投資品種，買入並長期持有不是最聰明的策略；防守型行業股票是市況不佳時的選擇，與週期型股票形成互補；而成長型行業股票帶給投資者的回報最多，但也要相應承擔更大的風險，是風險承受能力較強和有專業背景的投資者可以深度介入的品種。

（三）行業生命週期分析

行業生命週期的各時期的特點如表 4-2 所示。

表 4-2　　　　　　　　　　　行業生命週期

	初創期	成長期	穩定期	衰退期
廠商數量	很少	增多	減少	很少
利潤	較低或虧損	增加	無大變化	減少或虧損
風險	較高	較高	減少	較高

一般來說，在投資決策過程中，投資者應選擇增長型的行業和在行業生命週期中處於成長期和穩定期的行業，所以要仔細研究欲投資公司所處的行業生命週期及行業特徵。

（四）影響行業興衰的主要因素

1. 影響行業興衰的主要因素

（1）需求

需求是人類社會發展的原動力。如果市場上存在未得到滿足的潛在需求，而技術進步可以推出相應的產品，那麼就會有企業進行生產，導致新行業的誕生。因此，也可以說，新行業的誕生過程實際上就是發現和滿足社會潛在需求的過程。也正因為如此，新行業的產生通常以新技術或新產品作為其序幕。同時，只有新產品的生產達到一定的規模，才能成為一個行業。因為通常只有潛在需求達到相當的規模，許多企業可以同時進行專業化生產，有利可圖時，企業才可能進行投資，行業才有可能形成。因此，新產品相當規模的潛在需求的存在和逐步實現是新行業誕生的一個重要條件。而需求的穩定和飽和又推動行業進入生命週期的成熟階段和衰退階段，需求的總量決定了行業成熟後的總體規模。

（2）技術進步

技術進步是推動行業發展的一個重要因素。一方面，如果沒有技術進步以創造出新產品，而只存在社會潛在需求，是不可能形成一個新的行業，因此通常是伴隨著新技術的誕生而形成一個新的行業；同時，新技術通常會大大提高新行業的生產效率，降低生產成本，加速行業的生長擴張，使行業進入成長階段。另一方面，技術進步又會給一些舊的行業帶來很大的衝擊，使消費者對其行業產品的需求大大降低，從而使該行業走向衰退。

當今世界處在一個科技飛速發展的時代，新的科學發明層出不窮，科學理論向技術轉化的速度大大加快。這為經濟的快速發展奠定了強大的技術基礎，同時也大大促進了行業的更新和升級，加速一些舊的行業的衰退，甚至消亡。

（3）政府方面的因素

自凱恩斯主義誕生以來，各國政府都加強了對經濟的宏觀調控，雖然不同國家的調控力度和手段有所不同。因此，實際上各國的每一種行業都受到不同程度的政府因素的影響。

政府對經濟進行宏觀調控的目的主要在於維護市場的公平競爭，促進經濟的健康穩定和可持續發展。政府因素對行業的影響主要體現在以下兩個方面：①對一些行業的管制。例如，中國政府對「與大眾利益緊密相關」的行業都進行了相應的管制。受管制的行業主要有：公用事業，如煤氣、電力、電信、郵電、自來水等；交通運輸業，

如鐵路、公路、航空、航運和管道運輸等；金融業，如銀行與非銀行金融機構、保險公司等；還有國防行業、教育行業等。不同的管制程度對各行業的發展和淨利潤的影響是不同的。②政府的產業政策。產業政策是一國關於產業發展的所有法令與法規的綜合，對行業的發展具有很大的影響。如果某個行業屬於國家鼓勵發展的產業，可能受到政府各種優惠政策的扶持，那麼該行業的前景就比較光明；反之，如果某行業是政府限制發展的產業，那麼其前景就將比較暗淡。

(4) 社會習慣的變化

最後，社會習慣的變化也會對行業的發展造成一定的影響。社會習慣如生活習慣、消費習慣等會對居民的消費、儲蓄、投資等多方面產生影響，進而影響到行業的興衰。例如，隨著居民收入的提高和生活質量的改善，綠色食品逐漸受到人們的青睞。而大眾環保意識的加強則會推動環保產業的迅速發展。

(五) 行業的競爭

行業的競爭強度決定了一個行業維持較高收益的能力，因此，在進行行業分析時，還必須考慮到行業的競爭情況。顯然，如果一個行業面臨著激烈的競爭，那麼即使該行業有較高的收益率，這種情況也不可能維持很久。

一個行業所面臨的競爭主要包括以下五個方面：新進入公司的威脅、行業內企業間的競爭、替代品的競爭、購買者討價還價的能力以及供應商討價還價的能力。

1. 新進入公司的威脅

行業內新公司的進入會對產品價格和行業原有公司的利潤造成巨大的壓力，有時甚至是新公司還沒有進入該行業，僅僅其進入威脅就會給行業產品的價格帶來很大的壓力。因此，新進入公司會對行業整體的利潤水準造成很大的影響，而行業進入壁壘則是阻止或延緩新公司進入的一個有效方式或手段，因此行業進入壁壘是行業獲利能力的重要決定因素。行業進入壁壘可以有多種形式。例如，現有公司通過長期商業關係建立起來的比較成熟固定的購銷渠道；公司的商標、專利和版權等知識產權；初始的巨額投資等都是行業進入壁壘。

2. 行業內公司間的競爭

當某行業中存在較多的公司時，這些公司為了擴大各自的市場份額就會進行激烈的競爭，這種競爭通常都會導致價格戰，從而降低了邊際利潤。如果行業本身的增長就比較緩慢，那麼相互間的競爭就會更加激烈，因為此時要擴大市場份額就意味著必須掠奪其他公司的市場份額。

如果該行業內公司所需進行的固定成本投資巨大，需要大規模生產才能盈利；又或者該行業內的公司所生產的產品幾乎是同質的，產品差異性很小，那麼行業內公司間的競爭就會給產品價格帶來極大的壓力，因為這時候的競爭就幾乎只能是很激烈的價格競爭。

3. 替代品的競爭

如果某行業的產品存在著替代品，那麼就表明該行業的公司還必須與相關行業的公司展開競爭。因此，替代品的存在無形中給該行業的產品價格施加了壓力，影響該行業的利潤水準。

4. 購買者討價還價的能力

如果對某個行業來說，有限的幾個購買者採購了其所生產的絕大部分產品，那麼

這些購買者就擁有極強的討價還價的能力，會壓低該行業產品的價格，從而影響該行業的利潤水準。

一個很典型的例子就是生產汽車零部件的行業，由於汽車零部件的購買者通常都只有少數的幾家汽車公司，因此，這些汽車公司具有很強的討價還價能力，會壓低汽車零部件的價格，影響汽車零部件行業的盈利水準。

5. 供應商討價還價的能力

如果對某行業來說，其一些重要原料或關鍵部件的供應商只有少數幾家，處於壟斷地位，也就是說，供應商就具有很強的討價還價能力，可以抬高其供應的產品的價格，那麼該行業的利潤水準就會受到較大的影響。

6. 行業的收益性與成長性分析（同公司財務分析）

（1）行業收益性分析

①平均每股收益

②平均每股淨資產收益率分析

③平均主營利潤率分析

（2）行業成長性分析

①平均主營收入增長率分析

②淨利潤增長率分析

③主營利潤增長率分析

實訓練習 2

請同學選擇一個行業，分析該行業生命週期的基本原理，領會影響行業生命週期的各種因素、應用行業生命週期的變動分析其對股價的影響。

實訓過程：

實訓總結和心得體會：

第三節　公司因素分析（微觀因素）

一、上市公司素質分析

1. 公司競爭地位分析
（1）科技開發水準。決定公司競爭地位的首要因素。
（2）經營方式：單一經營和多種經營。
（3）產品與市場開拓能力和市場佔有率：要看重點產品、拳頭產品和主導產品的生命週期。
（4）新產品開發程度。產品只有不斷更新企業才能處於有利的競爭地位。
（5）公司發展潛力分析。
2. 公司盈利狀況和股息派發政策分析對此點應注意如下幾點：
（1）股價變動往往在盈利變動之前發生變化。
（2）股價受盈利水準變化而變化是在事先在波動中進行的。
（3）盈利公布時，股價反應公司盈利水準與市場預期之間的差異程度。
（4）股價變化幅度往往高於盈利變化幅度。
3. 公司經營管理能力分析
（1）管理人員的素質及能力分析。只要是對決策層、管理層和執行層管理人員的素質分析。
（2）企業經營效率分析。包括對維持本公司競爭地位的能力、擴張能力、保持較高毛利率的能力、合理融資能力的分析。
（3）內控效率分析。指對企業的制度完善程度的分析。
（4）人事管理效率分析。指對用人機制的分析（如任人唯賢）。
（5）公關能力：包括樹立企業形象、產品宣傳、廣告促銷、對外協調與合作。

二、上市公司財務狀況分析

1. 連續的披露財務信息與相關信息
（1）數量信息以貨幣的形式反應公司所涉及的各種經濟活動的歷史信息。
（2）非數量信息對公司會計信息重大變化的說明。
（3）其後事項信息一些不確定的事項直接影響以後財務報表對未來收益計價的影響，這類信息提供必要的說明。
（4）關聯業務的信息如聯營企業跨地區多元化經營，上市公司也應公布這些信息數據。
（5）其他關聯信息發行、上市交易過程中，披露股票持股情況，公司發展情況，股本結構變動，資金投向等信息。

2. 財務狀況分析法
（1）差額分析法又叫絕對分析法，通過數據的差額分析上市公司財務狀況和經營成果。
（2）比率分析法又叫同期的相關數據用比率分析評價公司經營活動。把歷史與現實狀況加以比較的重要分析方法。
（3）比較分析法又叫趨勢分析法，對財務報表中的數據按不同時期，不同的公司相比較，與標準化的距離相比較來確定公司發展的趨勢。

三、上市公司財務狀況分析的指標運用

1. 資本結構分析：
（1）資產負債率＝負債總計/資產總計
這一指標反應了公司負債經營的程度，表明債權人的資金所占比重的高低，以及借款人資產對債權人權益的保障程度。該指標越低，負債越輕則償債壓力小，融資空間大，風險小。反之風險大，但應控制在一個合理的水準為50%左右，提高融資能力。在總負債率低的情況下，還存在一個負債結構合理的問題，若為擴大投資長期負債比重過大，則償債壓力大會影響企業資產變現能力，不能應付意外，容易引起債務危機。
（2）資本化比率＝長期負債合計/（長期負債合計+所有者權益合計）
這一指標反應公司負債的資本化程度，指標值小則負債的資本化程度低，只要運用合理也可以利用長期負債來抵補公司自有資金的不足。
（3）固定資產淨值率＝固定資產淨值/固定資產原值
該指標反應了固定資產的新舊程度，指標高設備新經營條件好，固定資產利用率高。

2. 償債能力分析
（1）短期償債能力分析：
①流動比率＝流動資產/流動負債
反應了流動資產與流動負債的比率關係，每元流動負債究竟有幾元流動資產來抵償，不同行業指標差異大。流動比率過低，資金週轉會發生困難，短期償債能力就差。反之過高則資金的使用效率不高。國際上一般以2表示流動資產至少有50%可以等於流動負債。

②速動比率＝（流動資產－存貨）/流動負債＝（現金+短期有價證券+應收帳款淨額）/流動負債

之所以要在流動資產中扣除存貨這一項，是因為有時候存貨並不是一種易變現的資產，有些存貨容易因過時或變質而失去價值；有些存貨已抵押給某些債權人，不能變現；存貨估價存在著成本與合理市價相差懸殊的問題。由於這些原因的存在，在分析公司短期償債能力時，應該扣除這種存貨，才能真正反應公司的短期償債能力。例如，服裝業的存貨容易出現過時而失去原有的價值；製酒業中的酒存貨，可能在出售前需要儲存一段比較長的時期，才能賣比較高的價錢，短期內也不容易變現。因此，在分析它們的短期償債能力時，需要扣除相應的存貨。

該指標比流動比率更能說明企業短期資金運用的狀況，指標高說明企業在短期內支付能力強，變現能力強。

③現金對流動資產的比率＝現金及等價物/流動資產

現金對流動負債的比率＝現金及等價物/流動負債

這兩個指標也是補充以上的指標，表明資金的流動性強弱。

④應收帳款週轉率＝賒銷淨額/應收帳款平均餘額

該指標表明會計年度內應收帳款轉化為現金的平均次數，比率高則表示應收帳款及時收回，壞帳少，償債能力強。它彌補了流動比率與速動比率的不足。

⑤存貨週轉率＝營業成本/存貨平均餘額

衡量企業存貨週轉速度的快慢，快則存貨下降，資產變現風險小，資本利用率高。慢則庫存積壓，資金積壓。

（2）長期償債能力分析：反應企業長期債務狀況

①股東權益比率＝股東權益總額/資產總額

股東權益比率高就不會受到償債的重壓，償債風險小，也減少債務利息負擔。但有的企業屬朝陽企業的擴張期，效益好、信譽高容易籌資，則應多方權衡。

②長期負債比率＝長期負債/資產總額

表明企業債務的總體狀況。在經濟的繁榮期，償債期限長債務穩定。但在經濟衰退期，償債風險加強，到期會因沒有足夠的資金償債而陷入債務危機中。

3. 經營能力分析

這是衡量企業資產運作和管理效率的財務指標。

具體有現金週轉率、應收帳款週轉天數、存貨週轉天數、營業週期、總資產週轉率五種指標。

這些指標表明週轉快的企業的效率更高，經營能力強，資金利用率高。

4. 獲利能力分析

獲利能力的考察主要是利用損益表數據進行判斷，收入與費用是決定獲利能力的基本因素。主要指標包括：

（1）主營業務利潤率＝主營業務利潤/主營業務成本

該指標表明企業利潤增減的幅度，業績好利潤率增幅大。但這一指標受產品售價、數量、成本的影響，考核應在同行業一般水準上進行比較。

（2）銷售淨利率＝淨利/銷售收入

表示銷售收入的收益水準，它的高低與銷售費用高低關係密切，有利於考核企業經營管理水準。

（3）資產收益率＝淨利潤/平均資產總額

反應了企業資產利用的程度，指標越高說明有限的資金投入獲最大的收益。指標越高資產利用率越高，並可以瞭解企業經營狀況中存在的問題。

（4）市盈率＝每股市價/每股收益

該指標是市場評價公司股價水準是否合理的指標。市盈率高，市場上受人們追捧，原因有企業發展潛力受人矚目，或存在購並重組的題材。在新興的發展中國家的市場上投機促使市盈率升高，價格背離價值難以迴歸。但是市盈率的高低變化確實在一定程度上反應了公司的市場屬性、經營前景。即使是在一個成熟的、理性的、規範化的市場上市盈率普遍偏低，也可以通過橫向比較來瞭解股票投資的價值。

5. 杜邦分析

權益報酬率（權益淨利率，也是淨資產利潤率）是財務分析的主線和龍頭指標，最綜合、最具代表性。

（1）從杜邦分析體系的核心指標（淨資產收益率）和三個因素之間的關係來分析

$$權益報酬率(淨資產利潤率) = 資產報酬率 \times 權益乘數$$

$$= \frac{淨利潤}{股東權益(淨資產)} = \frac{淨利潤}{總資產} \times \frac{總資產}{股東權益}$$

$$= \frac{淨利潤}{銷售收入} \times \frac{銷售收入}{總資產} \times \frac{總資產}{股東權益}$$

$$= 銷售淨利潤率 \times 總資產週轉率 \times 權益乘數$$

$$資產淨利潤率 = 銷售淨利潤率 \times 總資產週轉率$$

$$= \frac{淨利潤}{銷售收入} \times \frac{銷售收入}{總資產}$$

即：淨資產收益率（淨資產利潤率）＝銷售淨利潤率×總資產週轉率×權益乘數，其中銷售淨利率反應的是獲利能力，總資產週轉率反應的是營運能力，權益乘數的是反應的是企業的償債能力。

（2）注意其中的權益乘數的分析

權益乘數＝總資產÷所有者權益＝總資產÷（總資產－總負債）＝1÷（1－資產負債率）＝1+產權比率

產權比率＝負債總額÷所有者權益；權益乘數＝資產總額÷所有者權益

$$1+產權比率 = 1 + \frac{負債總額}{所有者權益} = \frac{資產總額}{所有者權益} = 權益乘數$$

產權比率越大，權益乘數越大；資產負債率越高，權益乘數越大。所以這三個反應企業長期償債能力的指標的變動方向是一致的。

產權比率＝負債總額÷所有者權益；權益乘數＝資產總額÷所有者權益

$$1+產權比率 = 1 + \frac{負債總額}{所有者權益} = \frac{資產總額}{所有者權益} = 權益乘數$$

【例4-1】已知某公司2014年會計報表的有關資料如下（表4-3）：

表 4-3　　　　　　　　　　　　　資料　　　　　　　　　　單位：萬元

資產負債表項目	年初數	年末數
資產	8,000	10,000
負債	4,500	6,000
所有者權益	3,500	4,000
利潤表項目	上年數	本年數
銷售收入淨額	略	20,000
淨利潤	略	500

要求：

（1）計算杜邦財務分析體系中的下列指標（凡計算指標涉及資產負債表項目數據的，均按平均數計算）：

①淨資產收益率；
②資產淨利潤率（保留三位小數）；
③銷售淨利潤率；
④資產週轉率（保留三位小數）；
⑤權益乘數。

（2）用文字列出淨資產收益率與上述其他各項指標之間的關係式，並用本題數據加以驗證。

【答案】

（1）計算杜邦財務分析體系中的下列指標（凡計算的指標涉及資產負債表項目數據的，均按平均數計算）：

①淨資產收益率 $= \dfrac{500}{(3,500+4,000)\div 2} \times 100\% = 13.33\%$

②資產淨利潤率（保留三位小數）$= \dfrac{500}{(8,000+10,000)\div 2} \times 100\% = 5.556\%$

③銷售淨利潤 $= \dfrac{500}{20,000} \times 100\% = 2.5\%$

④資產週轉率（保留三位小數）$= \dfrac{20,000}{(8,000+10,000)\div 2} = 2.222$（次）

⑤權益乘數 $= \dfrac{1}{1-\dfrac{(6,000+44,500)\div 2}{(10,000+8,000)\div 2}} = 2.4$

（2）用文字列出淨資產收益率與上述其他各項指標之間的關係式，並用本題數據加以驗證。

淨資產收益率 = 銷售淨利潤率 × 資產週轉率 × 權益乘數

　　　　　　= 2.5% × 2.222 × 2.4 = 13.33%

6. 現金流量分析

現金流量分析是指某一時期內公司現金流出入的數量與淨差。現金流量發生在籌資、投資、經營活動的領域，其淨差反應了公司現金狀況，能反應企業經營狀況的好

壞，償債能力的強弱。

（1）經營性現金流量狀況分析：反應了企業日常現金的流轉，企業應經常保持經營活動中現金的較大流入來保證資金的正常循環。它同時也是銀行考察企業短期償債率的重要指標。瞭解現金在銷售回籠與利潤實現中的現金所占的比重，以及償債保證中現金流量的大小。從各個方面瞭解企業經營性現金流量的狀況是否正常。

（2）投資活動的現金流量狀況分析：在不同的行業與不同的投資期現金流量表現不同。

在投資規模大的初創期現金流動表現為大量淨流出，但在成熟期、回收期現金流量出現大量的淨流入。由於投資過程具有連續性，因而在投資領域現金一般不大量流入，除非固定資產被大量變賣回收等。由於中國正處在股份制改造的過程，企業處在擴張投資階段，現金淨流入少而蘊涵了較大的風險。在經濟不景氣時，有些企業為了獲得增配資金往往用擴大投資來虛增利潤，從而獲得配股權。但我們可以從現金流量表中現金流出入來何處進行分析，揭示現金流量不正常背後，企業經營的真實狀況。

（3）籌資活動的現金流量分析：在企業的初創期籌資的規模大，出現現金的淨流入多，在企業到期償還貸款發放現金股息時，現金流轉以流出為主。但在企業經營、投資狀況都不好的情況下，大量的籌資活動促使現金大量的流入，而整體現金流量的結果卻表現為均衡，即餘額少，有可能借新還舊債。因此現金流量的不正常狀況說明了企業債務沉重，信用狀況不佳。

通過以上三方面的考察可以瞭解企業現金流動的方向，究竟是為了擴大經營籌資引起的現金需要，還是發放股利的需要以及償還流動負債支付債息的需要，我們可作綜合性的評價。

7. 其他重要指標分析：

（1）每股淨資產＝淨資產/普通股股數

該指標從理論上反應了股票的最低投資價值，兩種情況：一種股價低於淨資產，公司面臨破產清算。另一種股價被嚴重低估，一些表面的因素掩蓋了股價的內在價值。

（2）每股收益＝（淨利潤−優先股股利）/發行在外的普通股平均股數。該指標反應了年度內平均每股普通股所獲贏利。

（3）市淨率＝股票的市場價格/每股淨資產。該指標反應股票市場價格與淨資產的偏離程度。

實訓練習 3

請同學分組討論財務分析的主要內容，並形成書面記錄。

實訓過程：

實訓總結和心得體會：

實訓練習 4

請同學選擇一家上市公司，並對其進行公司財務分析，並形成詳細書面記錄。

實訓過程：

實訓總結和心得體會：

第五章

證券投資技術分析實訓篇

■本章簡介

證券投資技術分析是證券投資分析中的重要內容，包括 K 線圖的運用，各種趨勢分析，各種技術分析指標的應用法則等。本章將對這些技術進行了分析。

■學習目標

1. 掌握 K 線圖及其運用。
2. 熟悉各種趨勢分析的方法及運用。
3. 瞭解波浪理論的基本分析方法。
4. 熟悉各種技術分析指標的計算方法與一般應用法則。

第一節　K 線圖與量價分析方法

K 線圖也叫蠟燭圖、陰陽線，是中國證券投資技術分析最主要的分析工具；根據時間的長短，K 線分為 5 分鐘、15 分鐘、30 分鐘、60 分鐘、日、周、月甚至年 K 線。

一、K 線的基本形態

日 K 線是根據股價（指數）一天走勢中形成的四個價位：開盤價、收盤價、最高價、最低價繪製而成的。

（1）收盤價高於開盤價時，則開盤價在下，收盤價在上，二者之間的長方柱用紅色或空心繪出，稱為陽線；其上影線的最高點為最高價，下影線的最低點為最低價。

（2）收盤價低於開盤價時，則開盤價在上，收盤價在下，二者之間的長方柱用黑色或實心繪出，稱為陰線；其上影線最高點為最高價，下影線的最低點為最低價。

二、基本的 K 線形態及分析意義

從單獨一根 K 線對多方和空方優勢進行衡量，主要依靠實體的陰陽長度和上下影

線的長度；一般說來，上影線越長、下影線越短、陰線實體越長，越有利於空方占優，不利於多方占優；上影線越短、下影線越長、陽線實體越長，越有利於多方占優，而不利於空方占優；上影線和下影線的長度比較的結果，也影響多方和空方取得優勢。上影線長於下影線、利於空方；反之，下影線長於上影線利於多方。根據 K 線形狀，也就是 K 線的長度、上下影線與實體的長度比例、陰陽性質等，即根據開盤價與收盤價的波動範圍對 K 線進行分類，可將 K 線分為極陰、極陽，小陰小陽、中陰、中陽、大陰、大陽等線型。

第二節　葛蘭碧量價關係理論

該理論是目前對成交量與股價趨勢關係描述較為全面的一種理論。

一、葛蘭碧量價關係理論的九條法則

（1）價格隨著成交量的遞增而上漲，是市場行情的正常特性，此種量增價升的關係，表示股價將繼續上升。

（2）在一個波段的漲勢中，股價隨著遞增的成交量而上漲，突破前一波的高峰，創下新高價，繼續上揚，然而此段股價上漲的整個成交量水準低於前一個波段上漲的成交量水準。在此時股價創出新高，但量卻沒有突破，則此段股價漲勢令人懷疑，同時，也是股價趨勢潛在的反轉信號。

（3）股價隨著成交量的遞減而回升，股價上漲，成交量卻逐漸萎縮，成交量是上升的原動力，原動力不足顯示出股價趨勢潛在的反轉信號。

（4）有時股價隨著緩慢遞增的成交量而逐漸上升，漸漸的走勢突然成為垂直上升的噴發行情，成交量急遽增加，股價躍升暴漲；緊隨著此波走勢，繼之而來的是成交量大幅萎縮，同時股價急速下跌，這種現象表明漲勢已到末期，上升乏力，顯示出趨勢有反轉的跡象。反轉所具有的意義，將視前一波股價上漲幅度的大小及成交量增加的程度而言。

（5）股價走勢因成交量的遞增而上升，是十分正常的現象，並無特別暗示趨勢反轉的信號。

（6）在一波段的長期下跌形成谷底後，股價回升，成交量並沒有隨股價上升而遞增，股價上漲欲振乏力，然後再度跌落至原先谷底附近，或高於谷底，當第二谷底的成交量低於第一谷底時，是股價將要上升的信號。

（7）股價往下跌落一段相當長的時間，市場出現恐慌性拋售，此時，隨著日益放大的成交量，股價大幅度下跌；繼恐慌賣出之後，預期股價可能上漲，同時恐慌賣出所創的低價將不可能在極短的時間內突破。因此，隨著恐慌大量賣出之後，往往是空投市場的結束。

（8）股價下跌，向下突破股價形態，趨勢線或移動平均線同時出現了大成交量，是股價下跌的信號，明確表示出下跌的趨勢。

（9）當市場行情持續上漲數月之後，出現急遽增加的成交量而股價卻上漲無力。在高位整理，無法再次向上大幅上升，顯示了股價在高位大幅震盪，拋壓沉重，

上漲遇到了強阻力。此為股價下跌的先兆，但股價並不一定會必然下跌。股價連續下跌之後，在低位區域出現大成交量，股價卻沒有進一步下跌，僅出現小幅波動，此即表示進貨，通常是上漲的因素。

二、漲跌停板制度下的量價關係分析

由於漲跌停板制度限制了股票一天的漲跌幅度，使多空頭的能量得不到徹底的宣洩，容易形成單邊市。很多投資者存在追漲殺跌的意願，而漲跌停板制度下的漲跌幅度比較明確，在股票接近漲幅或跌幅限制時，很多投資者可能經不起誘惑，挺身追高或殺跌，形成漲時助漲、跌時助跌的趨勢。而且漲跌停板的幅度越小，這種現象就越明顯。目前，在滬深證券市場中，ST板塊的漲跌幅度由於被限制在5%，因而它的投機性也是非常強的，漲時助漲、跌時助跌的現象最為明顯，很多股票會形成單邊市，出現連續漲停板或跌停板，股價波動較為劇烈。

在實行漲跌停板制度下，大漲和大跌的趨勢繼續下去，是以成交量大幅萎縮為條件的。

拿漲跌停板時的成交量來說，在以前，看到價升量增會以為價量配合好，漲勢形成或會繼續，可以追漲或繼續持股；如果上漲時成交量不能有效配合放大，說明追高意願不強，漲勢難以持續，應不買或拋出手中股票；但在漲跌停板制度下，如果某只股票在漲停板時沒有成交量，那是因為賣方目標更高，想今後賣出好價，因而不願意以此價拋出，買方買不到，所以才沒有成交量。第二天，買方會繼續追買，因而會出現續漲。然而，當出現漲停後中途打開，而成交量放大時，說明想賣的投資者增加，買賣力量發生變化，下跌有望。

在漲跌停板制度下，量價分析基本判斷為：

・漲停量小，將繼續上漲；跌停量大，將繼續下跌。

・漲停中途被打開次數越多、時間越久、成交量越大，則反轉上升的可能性就越大。

・漲停關門時間越早，次日漲勢可能性越大；跌停關門時間越早，次日跌勢可能性越大。

・封住漲停板的買盤數量大小和封住跌停板時賣盤數量大小說明買賣盤力量大小。這個數量越大，繼續當前走勢的概率越大，後續漲跌幅度也就越大。

第三節 趨勢分析

一、趨勢的含義與類型

簡單地說，趨勢就是股票價格的波動方向，或者說是股票市場運動的方向。趨勢的方向有三個：上升方向；下降方向；水準方向，也就是無趨勢方向。

按道氏理論的分類，趨勢分為三個類型：主要趨勢、次要趨勢和短暫趨勢。長期趨勢是趨勢的主要方向。瞭解股價變動的長期趨勢，對於投資者來說是至關重要的。只有瞭解並掌握了長期趨勢，才能真正做到順勢而為。長期趨勢是股價變動的大方向，

一般持續時間很長，可達一年甚至幾年。中期趨勢是股價在運行長期趨勢的過程中進行的調整，它一般不會改變長期趨勢的發展方向，而是對長期趨勢的正常且必要的整理。短期趨勢是股價在短時間內的變動趨勢，時間一般很短，短則數小時，長則數天。短期趨勢是構成股價中長期變動的細胞和基石，是對中期趨勢的調整。

二、支撐線和壓力線

支撐線又稱為抵抗線。當股價跌到某個價位附近時，股價停止下跌，甚至有可能還有回升空間。這個起著阻止股價繼續下跌或暫時阻止股價繼續下跌的價格就是支撐線所在的位置。

壓力線又稱為阻力線。當股價上漲到某價位附近時，股價會停止上漲，甚至回落。這個起著阻止或暫時阻止股價繼續上升的價位就是壓力線所在的位置。支撐線和壓力線的作用是阻止或暫時阻止股價向一個方向繼續運動。同時，支撐線和壓力線又有徹底阻止股價按原方向變動的可能。一條支撐線如果被跌破，那麼這個支撐線將成為壓力線；同理，一條壓力線被突破，這個壓力線將成為支撐線。這說明支撐線和壓力線的地位不是一成不變的，而是可以改變的，條件是它被足夠強大的股價變動突破。

一般來說，一條支撐線或壓力線對當前影響的重要性有三個方面的考慮，一是股價在這個區域停留時間的長短；二是股價在這個區域伴隨的成交量大小；三是這個支撐區域或壓力區域發生的時間距離當前這個時期的遠近。

三、趨勢線和軌道線

趨勢線是衡量價格波動的方向的，由趨勢線的方向可以明確地看出股價的趨勢。在上升趨勢中，將兩個低點連成一條直線，就得到上升趨勢線。在下降趨勢中，將兩個高點連成一條直線，就得到下降趨勢線。要得到一條真正起作用的趨勢線，要經多方面的驗證才能最終確認。首先，必須確實有趨勢存在。其次，畫出直線後，還應得到第三個點的驗證才能確認這條趨勢線是有效的。

軌道線又稱通道線或管道線，是基於趨勢線的一種方法。在已經得到了趨勢線後，通過第一個峰和谷可以做出這條趨勢線的平行線，這條平行線就是軌道線。兩條平行線組成一個軌道，這就是常說的上升和下降軌道。軌道的作用是限制股價的變動範圍。對上面的或下面的直線的突破將意味著有一個大的變化。與突破趨勢線不同，對軌道線的突破並不是趨勢反向的開始，而是趨勢加速的開始。軌道線的另一個作用是提出趨勢轉向的警報。

四、黃金分割線和百分比線

畫黃金分割線的第一步是記住若干個特殊的數字，這些數字中 0.382、0.618、1.38 和 1.618 最為重要，股價極為容易在由這四個數產生的黃金分割線處產生支撐和壓力。第二步是找到一個點。某個趨勢的轉折點就可以作為進行黃金分割的點，這個點一經選定，我們就可以畫出黃金分割線了。

百分比線考慮問題的出發點是人們的心理因素和一些整數位的分界點。其中，1/2，1/3，2/3 的這三條線最為重要。

第四節　波浪理論基本原理

一、波浪理論考慮的三個因素

波浪理論主要考慮三個方面的因素：價格形態、高低點比率、價格變動的時間。其中，價格形態最重要。

（1）價格形態。波浪分為8浪結構。這是波浪理論賴以生存的基礎。或許當初艾略特就是從價格走勢的形態中得到啓發才提出了波浪理論。

（2）高低點比率。它是指價格走勢圖中各個高點和低點所處的相對位置。在波浪理論中，一般是指各個浪的長短之間的相對比率。通過計算，可以弄清楚各個波浪長度之間的相互關係，確定價格的回落點和將來價格上升有可能達到的位置。

（3）價格變動的時間。它是指價格完成某個形態所經歷的時間長短。知道了時間就可以預先知道何時將出現何種趨勢。波浪理論中各個波浪之間在時間上是相互聯繫的，用時間也可以驗證某個波浪形態是否已經形成。

以上三個方面可以簡單地說成為：形態、比例和時間。這三個方面是波浪理論首先應該考慮的。只注重形態和比例而忽視時間是不正確的，因為時間因素在進行市場預測時，是不可放棄的。

二、波浪理論的基本形態結構

（1）波浪理論是基本的8浪結構。波浪理論認為證券價格應該遵循一定的週期周而復始地發展。價格上下波動是按照某種規律進行的。在波浪理論中每一個週期（無論是上升還是下降）可以分成8個小的過程；這8個小過程一結束，一次大的行動就結束了。其後，緊接著的將是另一次大的行動。以上升為例說明這8個小過程。圖5-1是上升狀態情況下的8浪結構圖。

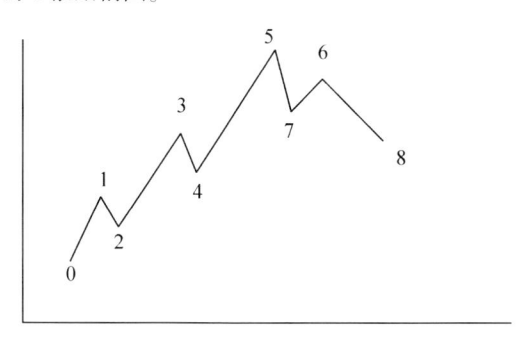

圖5-1　波浪理論的基本8浪結構圖

（2）主浪和調整浪。圖5-4中，從0到1是第一浪，1到2是第2浪，2到3是第3浪，3到4是第4浪，4到5是第5浪。這5浪中，第1浪、第3浪和第5浪稱為上升主浪，而第2浪和第4浪稱為是對第1浪和第3浪的調整浪。上述5浪完成後，緊接著

會出現一個 a 到 b 到 c 三浪結構的向下調整，即從 5 到 a 的 a 浪，從 a 到 b 的 b 浪和從 b 到 c 的 c 浪。

（3）8 浪結構與價格波動趨勢的規模大小無關。考慮波浪理論必須弄清一個完整週期的規模大小，因為趨勢是有層次的，每個層次的不同取法，可能會導致我們在使用波浪理論時發生混亂。但是，應該記住，無論我們所研究的趨勢是何種規模，是原始主要趨勢還是日常小趨勢，8 浪的基本形態結構是不會變化的。

在圖 5-4 中，我們可認為，從 0 到 5 是一個大的上升趨勢，從 5 到 c 我們可以認為是一個大的下降趨勢。如果我們認為這是兩浪的話，那麼 c 之後一定還會有上升的過程，只不過時間可能要等很長。這裡的 2 浪只不過是一個大的 8 浪中的前 2 浪，是更大的 8 浪結構的一部分。

三、波浪的層次與應用

（1）大浪套小浪——浪中有浪。波浪理論考慮股價形態的時間和空間跨度是可以隨意而不受限制的，大到可以覆蓋從有股票以來的全部時間跨度，小到可以只涉及數小時、數分鐘的股價走勢。正是由於時間和空間跨度的不同，所以在數 8 浪時，必然會涉及將一個大浪分成很多小浪和將很多小浪合併成一個大浪的問題，這就是每一個浪所處的層次的問題。處於層次較低的幾個小浪可以合併成一個層次較高的大浪，而處於層次較高的一個大浪又可以細分成幾個層次較低的小浪。當然，層次的高低和大浪、小浪的地位是相對的，對其他層次高的浪來說，它是小浪，而對層次比它低的浪來說，它又是大浪。以上升牛市為例，說明一下波浪細分和合併的原則。圖 5-2 是這種細分和合併的圖形表示。

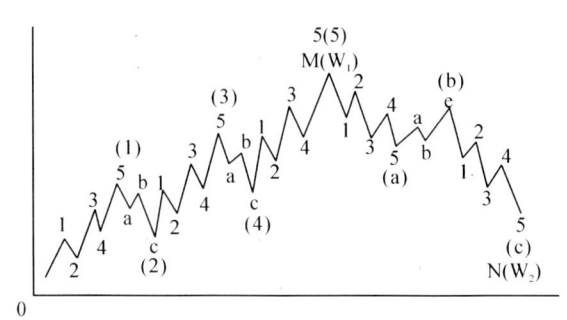

圖 5-2　波浪的合併與細分

從圖 5-2 中可以看出，規模最大的是處於第一層次的兩個大浪，從起點 0 到頂點 M 是第一大浪 W1，從頂點 M 到末點 N 是第二大浪 W2，W2 是第一大浪 W1 的調整浪。第一大浪和第二大浪又可以細分成 5 浪和 3 浪，共 8 浪。

第一大浪可以分成（1）（2）（3）（4）和（5）共 5 浪，而第二大浪可以分成（a）（b）（c）三個浪，這 8 浪是規模處於第二層次的大浪。

第二層次的大浪又可以細分為第三層次的小浪，這就是圖中的各個 1、2、3、4、5 以及 a、b、c 數一下可知這樣的小浪一共有 34 個。

（2）合併和細分的原則。將波浪細分時，會遇到這樣的問題，是將一個較大的浪分成 5 個較小的浪，還是分成 3 個較小的浪呢？這個問題要看這個較大的浪是處在上

升還是下降，同時還要看比這個較大的浪高一層次的波浪是上升還是下降。以上兩個因素決定這個較大的浪的細分是 3 浪還是 5 浪。

在本大浪上升的情況下，如果上一層次的大浪是上升，則分成 5 浪，上一層次的大浪是下降，則分成 3 浪；在本大浪是下降的情況下，如果上一層次的大浪是上升，則分成 3 浪，上一層次的大浪是下降，則分成 5 浪。

也就是說，如果這一浪的上升和下降方向與它上一層次的上升和下降方向相同，分成 5 浪，如果不相同則分成 3 浪。例如，圖 5-2 中的（2）浪，本身就是下降，而（2）的上一層浪第一大浪則是上升，所以（2）浪分成 3 浪。（8）浪本身就是下降，(a) 浪的上一層浪第二大浪也是下降，所以 (a) 浪分成 5 浪結構。按照這一原則可以將任何一個浪細分。同樣，不管是什麼樣的證券市場，按照這一原則不斷地合併下去，最終，整個過程就會被合併成 1 個浪或 2 個浪。

（3）斐波納奇數列的應用。波浪理論中最重要的斐波納奇比率有以下幾條：

①三個推動浪的某一浪經常會延長，一旦某一浪延長，其他兩浪的形式時間和波動幅度均相等。例如，3 浪延長，那麼 1 浪和 5 浪應該相等。

②將 1 浪乘以 1.618，然後加在 2 浪的底部，可以測量出 3 浪頂部的最後的最小目標位。

③將 1 浪的長度乘以 3.236（2×1.618），然後分別加載 1 浪的頂部和底部上，可以估算出 5 浪的頂部的最大目標位和最小目標位。

④1 浪和 3 浪如果大致相等，5 浪就極可能延長，這是 5 浪的估算方法是，先量出 1 浪底部到 3 浪頂部的距離，再乘以 1.618，並把結果加在 4 浪的底部上。

⑤在常態的鋸齒形調整浪中，c 浪常與 a 浪的長度相等。

⑥c 浪的目標位可以有 a 浪的長度乘以 0.618，然後用 a 浪的底部減去所得的結果得出。

⑦在平臺型調整浪中，b 浪如果達到甚至超過 a 浪的頂部，那麼 c 浪的長度約等於 a 浪常讀的 1.618。

⑧在對稱三角形中，每一個相繼的浪都約等於前一個浪的 0.618。

實訓練習 1

目的：初步掌握證券投資技術分析的基本原理。

場景：在實訓室模擬證券投資業務部。

客戶身分：對證券市場有投資慾望，但對證券投資的技術分析方法瞭解很少，希望從基本方法入手，初步掌握證券投資技術的基本原理。

規則與要求：

學生兩人一組，一人為客戶. 一人為客戶經理。

客戶來到證券公司營業部找到客戶經理，希望客戶經理能夠比較系統地介紹一下證券投資技術分析的最基本原理和方法。客戶針對性地向客戶經理提出問題：

（1）什麼是技術分析，技術分析準確嗎?

（2）進行技術分析時應該關注哪些方面?

（3）經常聽說的放量上漲、縮量下跌等詞是什麼意思?

（4）大盤上的紅色和綠色的圖線是什麼，有什麼用處?

（5）常聽說什麼支撐位、壓力位等，是什麼意思？
客戶經理針對這些問題加以回答。
評價：根據小組對問題解釋闡述的合理性與準確性，由學生互評和教師總評。

實訓過程：

實訓總結和心得體會：

___

實訓練習 2

目的：使學生掌握基本的趨勢理論和波浪理論內容。
場景：在實訓室模擬證券公司營業部。
規則與要求：以小組為單位，對具體的市場情況進行解釋。自選某支股票的 K 線

走勢圖，一些投資者在這段時間內對該股票投資是屢買屢套，請用這個圖幫助分析投資分析投資中的技術分析失誤。從 1990 年到 2005 年中國的股市經歷了起起落落，用波浪理論對這 15 年的總體走勢進行分析。

評價：根據小組對問題解釋闡述的合理性與準確性，由學生互評和教師總評。

實訓過程：

實訓總結和心得體會：

第五節　基本技術分析指標

一、超買超賣型指標

1. 威廉指標（WMS）

（1）WMS 指標的計算方法。WMS 指標的計算主要是利用分析週期內的最高價、最低價及週期結束的收盤價三者之間的關係展開的。

（2）WMS 的應用法則。WMS 的應用法則也是從兩方面考慮：一是 WMS 的數值，二是 WMS 曲線的形狀。

①從 WMS 的取值方面考慮：

· 當 WMS 高於 80 時，處於超賣狀態，行情即將見底，應當考慮買進。
· 當 WMS 低於 20 時，處於超買狀態，行情即將見頂，應當考慮賣出。
· 這裡 80 和 20 只是一個經驗數字，並不是絕對的。

同時，WMS 在使用過程中應該注意與其他技術指標相配合。在盤整過程中，WMS 的準確性較高；在上升或下降趨勢當中，卻不能只以 WMS 超買超賣信號作為行情判斷的依據。

②從 WMS 的曲線形狀考慮。

· 在 WMS 進入低數值區位後（此時為超買），一般要回頭。如果這時股價仍繼續上升就會產生背離，是賣出的信號。
· 在 WMS 進入高數值區位後（此時為超賣），一般要反彈。如果這時股價仍繼續下降，就會產生背離，是買進的信號。
· WMS 連續幾次撞頂（底），局部形成雙重或三重頂（底），則是賣出（買進）的信號。

2. 相對強弱指標（RSI）

（1）RSI 指標的計算方法。

RSI 的計算公式實際上就是反應了某一階段價格上漲所產生的波動占總的波動的百分比率，百分比越大，強勢越明顯；百分比越小，弱勢越明顯。RSI 的取值介於 0~100 之間。在計算出一日的 RSI 值以後，可採用平滑運算法計算以後的 RSI 值，根據 RSI 值在坐標圖上連成的曲線，即為 RSI 線。

由於選用的計算週期的不同，RSI 指標也包括日 RSI 指標、周 RSI 指標、月 RSI 指標、年 RSI 指標以及分鐘 RSI 指標等各種類型。經常被用於股市研判的是日 RSI 指標和周 RSI 指標。雖然它們在計算時的取值有所不同，但基本的計算方法一樣。

（2）RSI 的運用法則。

①RSI 的數值發出的信號。將 100 分成 4 個區域，根據 RSI 的取值落入的區域，發出相應的操作信號，如表 5-1 所示：

表 5-1　　　　　　　　　　　　RSI 的數值信號

RSI 值	市場特徵	投資操作信號
80~100	極強	賣出信號
50~80	強	買入信號
30~50	弱	賣出信號
0~20	極弱	買入信號

「極強」與「強」的分界線和「極弱」與「弱」的分界線是不明確的，它們實際上是一個區域。比如也可以取 30、70 或者 25、75 等；分界線位置的確定與 RSI 的參數和選擇的股票有關：一般而言，參數越大，分界線離 50 越近；股票越活躍，RSI 所能達到的高度越高，分界線離 50 應該越遠。

②兩條或多條 RSI 曲線的交叉信號。我們稱參數小的 RSI 為短期 RSI，參數大的 RSI 為長期 RSI。兩條或多條 RSI 曲線的聯合使用法則與兩條均線的使用法則相同，即：短期 RSI 上穿長期 RSI，屬於多頭市場；短期 RSI 下穿長期 RSI，則屬空頭市場。

③背離信號：RSI 發出的背離信號，一般發生在超買或超賣區。當股價處於升勢時，在收盤線的頭部形成的一峰比一峰高，而 RSI 圖中卻出現後一個波谷低於前一個波谷，此現象為「頂背離」，是比較強烈的賣出信號。當股價處於跌勢時，在收盤線的底部形成一底比一底低，RSI 圖中卻出現後一個波峰高於前一個波峰，此為「底背離」，此時，是比較強烈的買入信號。

④RSI 曲線的形態信號。當 RSI 在較高的位置形成頭肩頂、M 頭時，是賣出的信號；當 RSI 在較低的位置形成頭肩底、W 底時，是買入的信號。這些形態一定要出現在較高位置和較低位置，一般來說，離 50 越遠，結論越可靠。

不過，RSI 的各種形態所出現的時間和展示的形狀與對應的 K 線圖形態有所差異。

這是因為股價可在 0 至 ∞ 這個開區間任意變化，麗 RSI 只能在 0 至 100 這個閉區間內取值，進而導致 RSI 值在不同的區域內和不同的方向上其變化的敏感度不一樣，產生 RSI 圖與 K 線圈之間的差異。這也有助於理解為什麼在超買或超賣區內會出現「背離信號」。

3. 隨機指標（KDJ）

（1）KDJ 指標包括日 KDJ 指標、周 KDI 指標、月 KDJ 指標、年 KDJ 指標以及分鐘 KDJ 指標等各種類型。經常被用於股市研判的是日 KDJ 指標和周 KDJ 指標。雖然它們在計算時的取值有所不同，但基本的計算方法一樣。

（2）KDJ 的運用法則。KDJ 指標是三條曲線，在應用時主要從五個方面進行考慮：KD 值的絕對數字、KD 曲線的形態、KD 指標的交叉、KD 指標的背離和 J 指標的取值大小。

①從 KD 的取值方面考慮。KD 的取值範圍都是 0~100，將其劃分為幾個區域：80 以上為超買區，20 以下為超賣區，其餘為徘徊區；當 KD 超過 80 時，是賣出信號；低於 20 時，是買入信號。應該說明的是，上述劃分只是 KD 指標應用的初步過程，僅僅是信號，完全按這種方法進行操作很容易導致損失。

②從 KD 指標曲線的形態方面考慮。當 KD 指標在較高或較低的位置形成頭肩形和

多重頂（底）時，是採取行動的信號；這些形態一定要在較高位置或較低位置出現，位置越高或越低，結論越可靠。

對於 KD 曲線，也可以畫趨勢線，以明確 KD 的趨勢；在 KD 的曲線圖中仍然可以引進支撐和壓力的概念；某一條支撐線和壓力線被突破，也是採取行動的信號。

③從 KD 指標的交叉方面考慮：K 線與 D 線的關係就如同股價與 MA 的關係一樣，也有死亡交叉和黃金交叉的問題。不過這裡交叉的應用較為複雜，還附帶很多其他的條件。

以 K 線從下向上與 D 線交叉為例，K 線上穿 D 線是金叉，為買入信號。但是出現了金叉時是否應該買入，還要看其他的條件：

· 金叉的位置應該比較低，是在超賣區的位置，越低越好。

· 與 D 線相交的次數。有時在低位，K 線、D 線要來回交叉好幾次。交叉的次數以 2 次為最少，越多越好。

· 交叉點相對於 KD 線低點的位置，這就是常說的「右側相交」原則；K 線是在 D 線已經抬頭向上時才同 D 線相交，比 D 線還在下降時與之相交要可靠得多。

④從 KD 指標的背離方面考慮。當 KD 處在高位或低位，如果出現與股價走向的背離，則是採取行動的信號。當 KD 處在高位，並形成兩個依次向下的峰，而此時股價還在一個勁地上漲，這叫頂背離，是賣出的信號；與之相反，KD 處在低位，並形成一底比一底高，而股價還繼續下跌，這構成底背離，是買入信號。

⑤在實際使用中，常用 J 線指標。J 指標常領先 KD 值顯示曲線的底部和頭部。J 指標的取值超過 100 和低於 0 都屬於價格的非正常區域，大於 100 為超買，小於 0 為超賣。另外，隨機指數還有一些理論上的轉向訊號：當 K 線和 D 線上升或下跌的速度減弱，出現屈藍，通常表示短期內會轉勢；K 線在上升或下跌一段時期後，突然急速穿越 D 線，顯示市勢短期內會轉向；K 線跌至 0 時通常會出現反彈至 20～50 之間，短期內應回落至 0 附近，然後市勢才開始反彈；如果 K 線升至 100，情況則剛好相反。

二、趨勢型指標

1. 移動平均線（MA）

（1）MA 指標含義。移動平均可分為算術移動平均線（SMA）、加權移動平均線（WMA）、相指數平滑移動平均線（EMA）三種。在實際應用中常使用的是指數平滑移動平均線。

天數 N 是 MA 的參數。例如 10 日的 MA 簡稱為 10 日線〔MA（10）〕。同理，有 5 日線、15 日線等概念。起點的移動平均值可用起點的收盤價代替。

根據計算期的長短，MA 又可分為短期、中期和長期移動平均線；通常以 5 日、10 日線觀察證券市場的短期走勢，稱為短期移動平均線；以 30 日、60 日線觀察中期走勢，稱為中期移動平均線；以 13 周、21 周研判長期趨勢，稱為長期移動平均線；西方投資機構非常看重 200 天移動平均線，並以此作為長期投資的依據；若行情價格在 200 天均線以下，屬空頭市場；反之，則為多頭市場。

由於短期移動平均線較長期移動平均線更易於反應行情價格的漲跌，所以一般又把短期移動平均線稱為「快速 MA」，長期移動平均線則稱為「慢速 MA」。

（2）MA 的運用法則。在 MA 的應用上，最常見的是葛蘭威爾的「移動平均線八大

買賣法則」此法則是以證券價格（或指數）與移動平均線之間的偏離關係作為研判的依據。八大法則中有四條是買進法則，四條是賣出法則，如圖 5-3 所示。

①平均線從下降開始走平，股價從下向上穿平均線（①點處）；股價跌破平均線，但平均線呈上升態勢（②點處）；股價連續上升遠離平均線，突然下跌，但在平均線附近再度上升（③點處）；股價跌破平均線，並連續暴跌，遠離平均線（④點處）。以上四種情況均為買入信號。

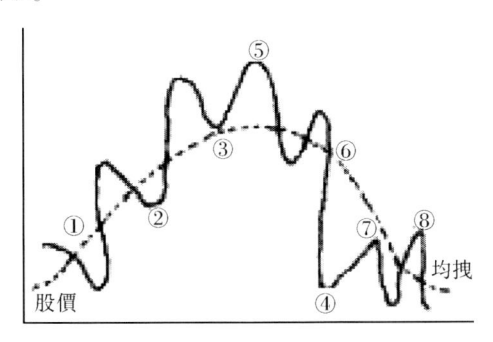

圖 5-3　移動平均線八大買賣法則

②移動平均線呈上升狀態，股價突然暴漲且遠離平均線（⑤點處）；平均線從上升轉為盤局或下跌，而股價向下跌破平均線（⑥點處）；股價走在平均線之下，且朝著平均線方向上升，但未突破平均線又開始下跌（⑦點處）；股價向上突破平均線，但又立刻向平均線回跌，此時平均線仍持續下降（⑧點處）。以上四種情況均為賣出信號。

2. 指數平滑異同移動平均線（MACD）

（1）MACD 指標的含義及計算。MACD 指標是從雙移動平均線發展而來的，平均線減去慢的移動平均線。MACD 的意義和雙移動平均線基本相同，但閱讀起來更方便，當 MACD 從負數轉向正數，是買的信號。當 MACD 從正數轉向負數，是賣的信號。

當 MACD 以大角度變化，表示快的移動平均線和慢的移動平均線的差距迅速拉開，代表了一個市場大趨勢的轉變；它是一項利用短期（常用為 12 日）移動平均線與長期（常用為 26 日）移動平均線之間的聚合與分離狀況，對買進、賣出時機做出研判的技術指標。

（2）MACD 的運用法則：

①以 DIF 和 DEA 的取值和這兩者之間的相對取值對行情進行預測。其運用法則如下：

·DIF 和 DEA 均為正值時，屬多頭市場：DIF 向上突破 DEA 是買入信號；DIF 向下跌破 DEA 只能認為是回落，作獲利了結。

·DIF 和 DEF 均為負值時，屬空頭市場：DIF 向下突破 DEA 是賣出信號；DIF 向上穿破 DEA 只能認為是反彈，作暫時補空。

·當 DIF 向下跌破 0 軸線時，此為賣出信號，即 12 日 EMA 與 26 日 EMA 發生死亡交叉；當 DIF 上穿 0 軸線時，為買入信號，即 12 日 EMA 與 26 日 EMA 發生黃金交叉。

②指標背離原則。如果 DIF 的走向與股價走向相背離，則此時是採取行動的信號：第一，當股價走勢出現 2 個或 3 個近期低點時，而 DIF（DEA）並不配合出現新低點，

可做買；第二，當股價走勢出現2個或3個近期高點時，而DIF（DEA）並不配合出現新高點，可做賣。

MACD的優點足除掉了移動平均線產生的頻繁出現買入與賣出信號，避免一部分假信號的出現，用起來比移動平均線更有把握。MACD的缺點與移動平均線相同。在股市沒有明顯趨勢而進入盤整時，失誤的時候較多。另外，對未來股價的上升和下降的深度不能提供有幫助的建議。

三、大型新指標

1. 騰落指數（ADL）

（1）ADL指標的計算方法。ADL指標的計算比較簡單。日ADL是每日上漲股票總數與下跌股票總數的差值的累計。一般為了準確反應大勢走向，都採用一段時間內ADL的累計值為當天的ADL值。

和其他指標完全不同的是，ADL指標既沒有周ADL指標、月ADL指標、年ADL指標，也沒有分鐘ADL指標等各種類型指標，它只有日ADL這一種指標。

（2）ADL的運用法則。①ADL的應用重在相對走勢，而不看重取值的大小。這與OBV相似。②ADL不能單獨使用，要同股價曲線聯合使用才能顯示出作用。

·ADL與股價同步上升（下降），創新高（低），則可以驗證大勢的上升（下降）趨勢。短期內反轉的可能性不大，這是一致的現象。

·ADL連續上漲（下跌）了很長時間（一般是3天），而指數卻向相反方向下跌（上升）了很長時間，這是買進（賣出）信號，至少有反彈存在。這是背離的一種現象。

·在指數進入高位（低位）時，ADL並沒有同步行動，而是開始走平或下降（上升），這是趨勢進入尾聲的信號。這也是背離現象。

·ADL保持上升（下降）趨勢，指數卻在中途發生轉折，但很快又恢復原有的趨勢，並創新高（低），這是買進（賣出）信號，是後市多方（空方）力度強盛的標志。

③形態學和切線理論的內容也可以用於ADL曲線。

④經驗證明，ADL對多頭市場的應用比對空頭市場的應用效果好。

2. 漲跌比率指標（ADR）

（1）ADR指標的計算方法。

由於選用的計算週期不同，漲跌比率ADR指標包括N日ADR指標、N周ADR指標、N月ADR指標、N年ADR指標以及N分鐘ADR指標等很多種類型。經常被用於股市研判的是日ADR指標和周ADR指標。雖然它們計算時取值有所不同，但基本的計算方法一樣。

ADR圖形在1附近來回波動，波動幅度的大小以ADR取值為準；目前，市場比較常用的參數為10和14等，另外還可以用5、25、30、60等。ADR參數的選擇在ADR技術指標研判中佔有重要的地位，參數的不同選擇對行情的研判可能都帶來不同的研判結果。

（2）ADR的運用法則。

①從ADR的取值看大勢。ADR在0.5至1.5之間是常態情況。此時，多空雙方處於均衡狀態。在極端特殊的情況下，如出現突發的利多、利空消息引起股市暴漲暴跌

時，ADR 常態的上限可修正為 1.9，下限修正為 0.4，超過了 ADR 常態狀況的上下限。這是採取行動的信號，表示上漲或下跌的勢頭過於強烈，股份將有回頭的可能。ADR 處於常態時，買進或賣出股票都沒有太大的把握。

②ADR 可與綜合指數配合使用，其應用法則與 ADL 相同，也有一致與背離兩種情況。

③從 ADR 曲線的形態上看大勢。ADR 從低向高超過 0.5，並在 0.5 上下來回移動幾次，是空頭進入末期的信號；ADR 從高向低下降到 0.75 之下，是短期反彈的信號。ADR 先下降到常態狀況的下限，但不久就上升並接近常態狀況的上限，則說明多頭已具有足夠的力量將綜合指數拉上一個臺階。

④在大勢短期回檔或反彈方面，ADR 有先行示警作用，若股價指數與 ADR 成背離現象，則大勢即將反轉。

3. 超買超賣指標（OBOS）

（1）OBOS 指標的計算方法。OBOS 指標包括 N 日 OBOS 指標、N 周 OBOS 指標、N 月 OBOS 指標等很多種類型。雖然他們計算式取值有所不同，但基本計算方法是一樣。

可以看到 OBOS 指標的計算方法和 ADR 指標的計算方法很相似。不同的是 OBOS 指標的計算方法是選擇上漲和下跌家數總數的相減，而 ADR 指標是選擇將兩者相除。選擇相除還是相減是從兩方面描述多空方法的差距，本質上沒有大的變化，只是計算方法和側重不同而已。ADR 指標側重於多空雙方力量的比值變化，而 OBOS 指標是側重於多空雙方力量的差值變化。

將 OBOS 值繪於坐標圖上，以時間為橫坐標，OBOS 值為縱坐標，將每一個計算週期所得的 OBOS 值在坐標線上標出位置並連接起來就成為 OBOS 曲線。

（2）OBOS 的運用法則。

（3）根據 OBOS 的數值判斷行情。當 OBOS 的取值在 0 附近變化時，市場出去盤整時期；當 OBOS 為正數時，市場出去上漲行情；當 OBOS 為負數時，市場處於下跌行情。當 OBOS 達到一定正數值時，大勢處於超買階段，可擇機賣出；反之，當 OBOS 達到一定負數時，大勢超賣，可伺機買進。至於 OBOS 超買超賣的區域劃分，受上市股票總的家數、參數的選擇的直接影響。其中，參數選擇可以確定，參數選擇得越大，OBOS 一般越平穩；但上市股票的總家數則是不能確定的因素，這是 OBOS 的不足之處。

①當 OBOS 的走勢與指數背離時，是採取行動的信號，大勢可能反轉。

②形態理論和切線理論種的結論也可用於 OBOS 曲線。

③當 OBOS 曲線第一次進入發出信號的區域時，應該特別注意是否出現錯誤。

④OBOS 比 ADR 的計算簡單，意義直觀易懂，所以使用 OBOS 的時候較多，使用 ADR 的時候較少，但放棄 ADR 是不對的。

實訓練習 3

目的：使學生掌握常見的技術分析指數，能夠運用技術指標分析即時的證券行情。

場景：在實訓室模擬證券公司營業部分分析股票交易行情。

客戶身分：客戶目前對證券市場進行短期投資，但對證券投資的技術分析指標瞭

解很少。來到證券公司營業部，向客戶經理瞭解證券投資技術分析中的常見分析指標，希望能夠掌握幾種常見的技術指標以便在具體的投資中運用。

規則與要求：學生兩人一組，一位客戶，一位客戶經理。以小組為單位，討論證券投資的主要技術指標含義。結合指標含義指出至少一個買入時機（或賣出時機），並說明原因。客戶經理針對客戶的以上要求，選擇幾種較簡單實用的技術分析指標，詳細地向客戶介紹它的原理和應用法則。

評價：根據小組對問題解釋闡述的合理性與準確性，由學生互評和教師總評。

實訓過程：

實訓總結和心得體會：

國家圖書館出版品預行編目（CIP）資料

投資中國證券必須了解的那些事 / 李嬌, 張宇 主編. -- 第一版.
-- 臺北市：財經錢線文化, 2019.05
　　面；　公分
POD版
ISBN 978-957-680-332-1(平裝)

1.證　市場 2.證券投資 3.中國

563.62　　　　　　　　　　　　　　　10800673

書　　名：投資中國證券必須了解的那些事
作　　者：李嬌、張宇 主編
發 行 人：黃振庭
出 版 者：財經錢線文化事業有限公司
發 行 者：財經錢線文化事業有限公司
E - m a i l：sonbookservice@gmail.com
粉絲頁：　　　　　網　址：
地　　址：台北市中正區重慶南路一段六十一號八樓 815 室
8F.-815, No.61, Sec. 1, Chongqing S. Rd., Zhongzheng Dist., Taipei City 100, Taiwan (R.O.C.)
電　　話：(02)2370-3310　傳　真：(02) 2370-3210
總 經 銷：紅螞蟻圖書有限公司
地　　址：台北市內湖區舊宗路二段 121 巷 19 號
電　　話：02-2795-3656　傳真：02-2795-4100　網址：
印　　刷：京峯彩色印刷有限公司（京峰數位）

本書版權為西南財經大學出版社所有授權崧博出版事業股份有限公司獨家發行電子書及繁體書繁體字版。若有其他相關權利及授權需求請與本公司聯繫。

定　　價：250元
發行日期：2019 年 05 月第一版
◎ 本書以 POD 印製發行